MICHAEL J. SANDEL

PLÄDOYER GEGEN DIE PERFEKTION

Ethik im Zeitalter der genetischen Technik

Aus dem Englischen
von Rudolf Teuwsen

Mit einem Vorwort
von Jürgen Habermas

AF545717

FISCHER Taschenbuch

Der S. Fischer Verlag hat sich zu einer nachhaltigen Buchproduktion verpflichtet. Gemeinsam mit unseren Partnern und Lieferanten setzen wir uns für eine klimaneutrale Buchproduktion ein, die den Erwerb von Klimazertifikaten zur Kompensation des CO_2-Ausstoßes einschließt.

Weitere Informationen finden Sie unter
www.klimaneutralerverlag.de

Erschienen bei FISCHER Taschenbuch
Frankfurt am Main, März 2024

Die Originalausgabe erschien 2007 unter dem Titel
»The Case Against Perfection. Ethics in the Age of Genetic Engineering« im Verlag The Belknap Press, einem Imprint der Harvard University Press
© 2007 by Michael J. Sandel

Die Nutzung unserer Werke für Text- und Data-Mining im Sinne von § 44b UrhG behalten wir uns explizit vor.

für die deutschsprachige Ausgabe:
© 2008 Berlin University Press in der Verlagshaus Römerweg GmbH

Satz: Dörlemann Satz, Lemförde
Druck und Bindung: GGP Media GmbH, Pößneck
ISBN 978-3-596-71013-3

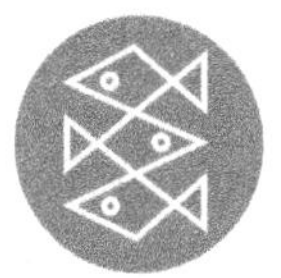

Jeder neue Durchbruch, den die Genetik erzielt, bedeutet Verheißung und Dilemma zugleich: Einerseits werden wir künftig in der Lage sein, tödliche Krankheiten wirksam zu bekämpfen und zu verhindern. Andererseits gibt uns dieses neue Wissen die Werkzeuge an die Hand, die Natur manipulieren und so uns selbst sowie unsere Kinder nach unseren Vorlieben optimieren zu können.

Michael J. Sandel, geboren 1953, ist politischer Philosoph. Er studierte in Oxford und lehrt seit 1980 in Harvard. Seine Vorlesungsreihe über Gerechtigkeit begeisterte online Millionen von Zuschauern und machte ihn zum weltweit populärsten Moralphilosophen. »Was man für Geld nicht kaufen kann« wurde zum internationalen Bestseller. Seine Bücher beschäftigen sich mit Ethik, Gerechtigkeit, Demokratie und Kapitalismus und wurden in 27 Sprachen übersetzt.

Vorwort

Michael J. Sandel hat bei Charles Taylor in Oxford studiert. Seit mehreren Jahrzehnten lehrt er Philosophie an der Harvard University. Wer sich vom glänzenden Stil und der Darstellungskraft des Autors überzeugt hat, wird nicht überrascht sein zu erfahren, dass der Professor Sandel bei seinen Studenten den Ruf eines begeisternden Lehrers genießt. Schon dem jungen Sandel gelang es, mit seinem ersten Buch – einer Kritik an John Rawls epochaler *Theorie der Gerechtigkeit* – eine Debatte anzustoßen, an der sich im Laufe der 80er Jahre alle führenden Geister des Faches beteiligt haben. Das 1982 erschienene Buch *Liberalism and the Limits of Justice* hat auch über die Grenzen der USA hinaus eine lebhafte, bis in die Sozialwissenschaften hinein wirkende Kontroverse zwischen den Anhängern des Politischen Liberalismus und den sogenannten »Kommunitaristen« ausgelöst. Diese stehen in der Tradition der Aristotelischen »Politik« und pochen gegenüber den individualistischen Ansätzen des modernen Vernunftrechts auf der wesentlich sozialen Natur und Traditionsgebundenheit der Bürger eines politischen Gemeinwesens.

Der zunächst überzeichnete Kontrast zwischen der Autonomie des vereinzelten, nach je eigenen Präferenzen zweckrational entscheidenden Gesellschaftsbürgers auf der einen Seite und der »Einbettung« des von Haus aus sozialisierten, an gemeinsamen Werten orientierten Staatsbürgers auf der anderen Seite ist im Laufe der Diskussion entschärft worden. Auch die autonomiebewussten Kantianer zehren ja von der republikanischen Vorstellung einer intersubjektiv geteilten Praxis staatsbürgerlicher Selbstbestimmung. »Liberale« wie Rawls begnügen sich nicht mit einer schwachen Konzeption von Willkürfreiheit, sondern verbinden mit dem Begriff der Autonomie einen Sinn für Gerechtigkeit, der in Konfliktfällen verlangt, die Perspektiven aller Beteiligten einzunehmen und zu berücksichtigen. Als Kern der Auseinandersetzung zwischen Liberalen und Kommunitaristen bleibt die Frage übrig, ob sich streitende Parteien überhaupt so weit von den Sichtweisen ihrer jeweils eigenen Traditionen lösen können, dass der von Rawls behauptete Vorrang des »Gerechten« vor den verschiedenen Vorstellungen vom »konkreten Guten« mehr ist als eine unzumutbare und daher irreführende Abstraktion.

Diese Kontroverse bildet auch den Hintergrund für den vorliegenden Traktat. Mit diesem hat Michael Sandel in eine bioethische Debatte eingegriffen, die in Deutschland ähnliche Frontstellungen hervorgerufen hat wie in den USA. Die hier entwickelten Argumente spiegeln auch Diskussionen wider, an denen der Autor als Mitglied einer von Präsident George W. Bush berufenen nationalen Ethikkommission beteiligt war. Obwohl das Büchlein eher ein Plädoyer und keine im strengen Sinne philosophische Abhandlung enthält, stützt sich die eloquent vorgetragene konservative Stellungnahme zur Frage der Wünschbarkeit und Zulässigkeit eugenischer Eingriffe in den menschlichen Organismus auf eine wohl durchdachte neoaristotelische Position. Es ist dieser belastbare Argumentationshintergrund, der der Intervention, ganz unabhängig vom aktuellen Für und Wider zu einzelnen politischen Entscheidungen, ein philosophisches Interesse sichert.

»Eugenisch« heißt die gezielte Einflussnahme auf das organische Substrat eines Menschen, wenn die Manipulation das Ziel verfolgt, körperliche oder geistige Funktionen oder Fähigkeiten dieser Person zu »steigern«. Zwar kann die Grenze zwischen der Therapie einer Krankheit und der »Verbesserung« einer Disposition oder eines Zustandes nicht immer scharf gezogen werden. Das ist aber kein Grund, auf die Unterscheidung zwischen der Wiederherstellung eines gestörten Gesundheitszustandes und der Erzeugung neuer Eigenschaften zu verzichten. Unter normativen Gesichtspunkten ist nämlich die Abgrenzung zwischen therapeutischen und »verbessernden« Eingriffen von grundsätzlichem Interesse. Das illustriert Sandel in Form einer eindrucksvollen Phänomenologie jenes eigentümlichen Unbehagens, das uns nicht erst beim Gedanken an Designerbabys oder andere »transhumanistische« Zukunftsphantasien ergreift.

Sandel setzt bei unbehaglichen Reaktionen auf heute schon verbreitete Praktiken an. Gleichviel ob es sich um Doping und Schönheitschirurgie oder um die medikamentöse Manipulation von Körpergröße, Muskelkraft, Stimmung und Gedächtnis oder um die pränatale Bestimmung des Geschlechts handelt, auch diese Praktiken zielen bereits auf eine »technische« Verbesserung des menschlichen Organismus und seiner Leistungen ab. Die ambivalenten Gefühle, die manche dieser Praktiken auslösen, werfen schon ein gewisses Licht auf die Szenarien einer künftigen liberalen Eugenik. So begegnet Sandel beispielsweise dem abwiegelnden Einwand, dass sich die Verbesserung der genetischen Anlagen von Embryos nicht wesentlich von der pädagogischen Einflussnahme der Eltern auf ihre unmündigen Kinder unterscheiden, mit einer Analyse der zwiespältigen Gefühle im Anblick von *hyperparenting*. Schon die Drillpraktiken, mit denen überehrgeizige Eltern ihre Kinder zu sportlichen oder musischen Höchstleistungen abrichten, empfinden wir als problematisch.

Nun sind moralische Gefühle noch keine Argumente. Aber Gefühle haben einen propositionalen Gehalt, der sich explizieren und gegebenenfalls begründen lässt. Auf diesem Wege möchte Sandel moralische Grenzen der Verfügung über die natürlichen Lebensgrundlagen von Personen begründen. Es geht ihm um eine philosophisch einleuchtende Erklärung des Gebots, nicht alles, was technisch machbar ist, in marktgängige Technologien umzusetzen. Aber sollte nicht in einer liberalen Gesellschaft die Nachfrage der Konsumenten darüber entscheiden, was angeboten wird? Wer darf sich zum Richter über die Präferenzen der Bürger aufspielen? Die Frage macht klar, dass die Aussicht auf eine liberalen Eugenik heikle Grundlagen der politischen Theorie berührt. Kritiker, die einer solchen Praxis einen Riegel vorschieben möchten, setzen sich dem Anfangsverdacht aus, die Privatautonomie der Bürger autoritär beschneiden zu wollen. Aber die Anerkennung der privatrechtlich geschützten Autonomie, im Rahmen der Gesetze tun und lassen zu dürfen, was man will, entscheidet noch nicht über die moralische Rechtfertigung der Gesetze selber. Die Autonomie der Bürger erschöpft sich nicht in der privaten Freiheit, nach jeweils eigenen Präferenzen zwischen gegebenen Optionen oder verschiedenen Lebensentwürfen wählen zu können. Der moralische Begriff der Autonomie begrenzt die Verfolgung eigener Präferenzen im Hinblick auf das, was im gleichmäßigen Interesse aller Betroffenen liegt.

Aus dem Kantischen Gebot, die gleiche Autonomie eines jeden zu achten, lassen sich nach meiner Auffassung plausible Argumente gegen die Zulässigkeit einer zu eugenischen Zwecken vorgenommenen vorgeburtlichen Programmierung von Erbanlagen gewinnen.[1] Aber diese Argumente haben, wie Sandel richtig sieht, eine begrenzte Reichweite. Von Instrumentalisierung oder »Fremdbestimmung« einer Person kann nur so lange die Rede sein, wie ein eugenischer Eingriff ohne die informierte Zustimmung des Betroffenen vorgenommen wird. Die heute noch im Laborstadium befindlichen biogenetischen Forschungen und erst recht jene Forschungsprogramme, die Entwicklungen in Nanotechnologie und Hirnforschung mit dem Ziel der Steigerung physischer und kognitiver Fähigkeiten zusammenführen wollen, eröffnen nämlich auch Aussichten auf folgenreiche eugenische Manipula-

1 Vgl. das Postscriptum in: Jürgen Habermas, *Die Zukunft der menschlichen Natur*, Frankfurt am Main: Suhrkamp 2002, S. 127–162.

tionen an erwachsenen, also zustimmungsfähigen Personen. Das wird Kantianer veranlassen, die moralischen Erwägungen um politik- und rechtstheoretischen Überlegungen zu erweitern: Müsste nicht die demokratische Meinungs- und Willensbildung der Bürger mit einem Regelungsbedarf konfrontiert werden, der im Hinblick auf die zu erwartende Erweiterung biotechnischer Verfügungsmöglichkeiten heute schon entsteht?[2]

Sandel schlägt einen anderen Weg ein. Auf dem Wege einer Explikation des verbreiteten Unbehagens an Manipulationen einer bisher unverfügbaren und als »gegeben« akzeptierten menschlichen Natur möchte er »dichte« oder substantielle Wertorientierungen zu Bewusstsein bringen, die, wie er meint, uns allen intuitiv gegenwärtig sind. Seine Analysen laufen darauf hinaus, dass eugenische Praktiken einen »sense of giftedness« untergraben, der für ein zivilisiertes Zusammenleben unverzichtbar ist. Dabei spielt Sandel mit dem Doppelsinn von *giftedness* – also von »Begabungen«, die wir dankbar annehmen, und von »Gegebenheiten«, die wir als unvermeidlich hinnehmen. Diese doppelte Einstellung prägt den liebevollen Blick von Eltern auf ihre Kinder, gleichviel wie sie auf die Welt kommen. Aber sollen sie diese *fatalistische* Einstellung auch dann beibehalten, wenn sie die Möglichkeit erhalten, schon im Embryonalstadium einige Wegweiser für den künftigen Lebensweg ihrer Kinder stellen zu können?

2 Armin Grunewald, »Orientierungsbedarf, Zukunftswissen und Naturalismus«, in: *Deutsche Zeitschrift für Philosophie* 55 (2007) 6, S. 949–965.

Sandel appelliert an eine Erfahrung, die sich uns in interpersonalen Beziehungen aufdrängt. Im Hinblick auf die verletzbare Integrität des Einen wie des Anderen müssen wir die rechte Balance halten zwischen Selbstbehauptung und Hingabe, zwischen eigenem Interesse und Einfühlung, zwischen *molding* und *beholding*, der gestaltenden Einflussnahme auf den Anderen und dem Versinken in dessen Anblick. Aber lässt sich dieses Austarieren von Rücksichten von der Ebene der Interaktionen zwischen verletzbaren Personen auf einen schonend zurückhaltenden Umgang mit den natürlichen Lebensgrundlagen von Personen übertragen? Ein solcher Umgang empfiehlt sich, wenn wir Menschen als Geschöpfe Gottes verstehen. Eine gläubige Person wird den Umgang mit der technisch verfügbar gewordenen menschlichen Natur in die interpersonale Beziehung zu ihrem Schöpfergott einbeziehen. In einer weltanschaulich pluralistischen Gesellschaft dürfen jedoch solche religiösen Gründe den zur Neutralität verpflichteten Gesetzgeber nicht binden.

Sandel verleugnet nicht die religiöse Herkunft jener Art Sensibilität für die Unverfügbarkeit natürlichen Lebensgrundlagen. Aber er meint, die religiösen Gründe in philosophische Argumente überführen zu können, die alle Bürger von der verpflichtenden Qualität einer solchen Sensibilität überzeugen können. Er beansprucht, die in religiösen Überlieferungen aufbewahrten ethischen Gehalte in die begründende Rede einer philosophischen Ethik zu übersetzen. Nur in säkularisierter Gestalt werden semantische Gehalte religiöser Herkunft allgemein zugänglich; und nur so besteht für diese überhaupt eine

Aussicht, in der politischen Öffentlichkeit einer liberalen Gesellschaften akzeptiert zu werden.

In der Hauptsache entwickelt Sandel drei Argumente, die gegen eine optimierende Instrumentalisierung der menschlichen Natur sprechen. Eine breitenwirksam eingewöhnte eugenische Praxis würde zunächst jenen »sense of giftedness« zerstören, ohne den die elterliche Erziehungspraxis misslingen muss. Sie würde auch das selbstkritische Bewusstsein, dass unsere Talente nicht unser eigenes Verdienst sind, unterminieren und damit eine wesentlich Voraussetzung für solidarisches Verhalten in der Gesellschaft gefährden. Schließlich würden die Folgen dieser Praxis genau die Grenzen der moralischen Verantwortung überschreiten, innerhalb deren Personen für ihre Handlungen allein zur Rechenschaft gezogen werden können.

Das sind Beiträge zu einer Diskussion, deren Ausgang einstweilen offen ist. Die Leser werden sich über die Stichhaltigkeit der Argumente ein eigenes Urteil bilden.

Starnberg, im Januar 2008 — Jürgen Habermas

Plädoyer gegen die Perfektion
Ethik im Zeitalter der genetischen Technik

Für *Adam* und *Aaron*

Danksagung

Mein Interesse an Ethik und Biotechnologie wurde geweckt, als ich im Jahr 2001 unerwartet in den neu gegründeten Rat für Bioethik des amerikanischen Präsidenten berufen wurde. Obwohl ich nicht auf die Bioethik spezialisiert bin, reizte mich die Aussicht, zusammen mit einer Gruppe hervorragender Naturwissenschaftler, Philosophen, Theologen, Ärzte, Rechtswissenschaftler und Fachleuten für die Erarbeitung politischer Leitlinien kontroverse Fragen der Stammzellforschung, des Klonens und der Gentechnik zu durchdenken. Für mich waren die Diskussionen so enorm stimulierend und von so großer gedanklicher Dichte, dass ich mich entschloss, mich mit einigen der Themen auch in Lehre und Forschung zu befassen. Leon Kass, der während meiner vier Jahre als Mitglied des Rates dessen Vorsitzender war, sorgte maßgeblich für das hohe Niveau der Diskussionen. Obwohl wir beide philosophisch und politisch weit auseinander liegen, bewundere ich sein unbeirrbares Auge für wesentliche Fragen und bin ich ihm dankbar dafür, den Rat und mich in weitreichende bioethische Untersuchungen verwickelt zu haben, wie sie sich nur wenige Regierungsgremien vornehmen.

Eine der Fragen, die mich am meisten faszinierten, betraf die Ethik des genetischen Optimierens. Ich verfasste dazu für den Rat ein kurzes Thesenpapier, das ich –

von Cullen Murphy ermutigt – 2004 zu einem Essay für das *Atlantic Monthly* ausgearbeitet habe. Für einen Autor ist Cullen das Ideal eines Herausgebers – ein kluger, einfühlsamer Kritiker mit feinem moralischen Sinn und erstklassigem redaktionellen Urteil. Ich schulde Cullen Dank dafür, den Titel dieses Buches vorgeschlagen und den Essay, der unter dem selben Titel zuerst in seinem Magazin erschien, gefördert zu haben. Mein Dank gilt auch Corby Kummer, der dabei half, den Essay zu redigieren, aus dem dieses Buch entstanden ist.

In den vergangenen Jahren hatte ich das Vergnügen, den Themen dieses Buches mit Studierenden in meinen Seminaren an der Harvard-Universität nachzugehen. Im Jahr 2006 tat ich mich mit meinem Kollegen und Freund Doug Melton zu einem Einführungskurs *Ethik, Biotechnologie und die Zukunft der menschlichen Natur* zusammen. Doug ist nicht bloß ein hervorragender Biologe und Stammzellpionier, er hat auch das Geschick des Philosophen, scheinbar unschuldige Fragen zu stellen, die zum Kern der Sache vordringen. Es ist ein großes Vergnügen gewesen, diesen Fragen mit ihm gemeinsam nachzugehen.

Ich bedanke mich für die Gelegenheiten, verschiedene der in diesem Buch vorgelegten Argumente vorzutragen: in der Moffett-Vorlesung an der Princeton Universität, der Geller-Vorlesung an der Medizinischen Fakultät der Universität New York; der Dasan-Gedächtnisvorlesung in Seoul, Südkorea, einer öffentlichen Vorlesung anlässlich einer internationalen Konferenz in Berlin, organisiert vom Deutschen Referenzzentrum für Ethik in den Biowissenschaften (DRZE), einer öffentlichen Vorlesung am

Collège de France und einem Bioethik-Kolloquium, gemeinsam veranstaltet von den *National Institutes of Health*, der Johns Hopkins Universität und der Universität Georgetown. Von den Kommentaren und kritischen Anmerkungen der Teilnehmer dieser Veranstaltungen habe ich viel gelernt. Ich danke ebenfalls für die Unterstützung durch das Sommerforschungsprogramm der Juristischen Fakultät der Harvard-Universität und das Carnegie-Gelehrtenprogramm der *Carnegie Corporation*, das mir großzügig diesen intellektuellen Ausflug auf dem Weg zu einem künftigen (und durchaus verwandten) Projekt über die moralischen Grenzen von Märkten eingeräumt hat.

Dank sagen möchte ich auch Michael Aronson, meinem Herausgeber bei *Harvard University Press*, der dieses Buch mit beispielhafter Geduld und Sorgfalt zur Vollendung geführt hat, sowie Julie Hagen für ihr ausgezeichnetes Lektorat. Schließlich schulde ich Dank vor allem meiner Frau, Kiku Adatto, deren intellektueller und geistiger Sinn dieses Buch und mich besser gemacht haben. Ich widme dieses Buch unseren Söhnen, Adam und Aaron, die perfekt sind, genau wie sie sind.

1.
Die Ethik des Optimierens

Vor einigen Jahren entschied ein Paar, dass es ein Kind haben wolle, vorzugsweise ein taubes. Beide Partner waren taub – und stolz darauf. Wie andere in der Gemeinschaft derer, die auf ihre Taubheit stolz sind, betrachteten Sharon Duchesneau und Candy McCullough Taubheit als kulturelle Identität, nicht als Behinderung, die es zu beheben galt. »Taub zu sein ist nichts weiter als eine Lebensform«, erklärte Duchesneau. »Wir fühlen uns als taube Menschen vollständig, und wir wollen die wunderbaren Seiten unserer tauben Gemeinschaft – ein Gefühl der Geborgenheit und der Verbundenheit – mit Kindern teilen. Wir sind ganz und gar davon überzeugt, dass wir als taube Menschen ein erfülltes Leben leben.«[1]

In der Hoffnung, ein taubes Kind zu zeugen, wählten sie einen Samenspender, in dessen Familie seit fünf Generationen Taubheit auftritt. Und sie waren erfolgreich. Ihr Sohn Gavin wurde taub geboren.

Die frischgebackenen Eltern waren erstaunt, als ihre Geschichte, über die in der *Washington Post* berichtet wurde, auf verbreitete Ablehnung stieß. Ein Großteil der Empörung drehte sich um den Vorwurf, sie hätten ihr Kind vorsätzlich mit einer Behinderung belastet. Duchesneau und McCullough (ein lesbisches Paar) bestritten, dass Taubheit eine Behinderung sei, und verwiesen darauf, dass sie schlicht ein Kind haben wollten, dass ihnen ähnlich sei. »Wir betrachten, was wir getan haben, nicht als so sehr anders als das, was viele heterosexuelle Paare tun, wenn sie Kinder bekommen«, sagte Duchesneau.[2]

Ist es falsch, absichtlich ein taubes Kind zu schaffen? Wenn ja, was ist daran falsch – die Taubheit oder die Absicht? Nehmen wir um des Arguments willen einmal an, Taubheit sei keine Behinderung, sondern Merkmal einer besonderen Identität. Ist es dann immer noch falsch, wenn Eltern bestimmen und wählen, wie ihr Kind sein soll? Oder tun Eltern das immer: in der Wahl ihres Partners und, heutzutage, durch den Einsatz neuer Reproduktionstechnologien?

Kurz vor der Kontroverse um das taube Kind erschien im *Harvard Crimson* und in anderen Studentenzeitungen an so genannten Ivy-League-Universitäten eine Anzeige. Ein unfruchtbares Paar suchte eine Eizellspenderin, aber nicht irgendeine. Sie sollte mindestens 178 Zentimeter groß und athletisch sein, aus einer Familie ohne schwere Erkrankungen stammen und weit überdurchschnittliche akademische Leistungen erzielt haben. In der Anzeige wurden für eine Eizelle von einer passenden Spenderin 50 000 Dollar geboten.[3]

Vielleicht wollten die Eltern, die die saftige Summe für eine Premium-Eizelle boten, einfach ein Kind, das ihnen ähnlich ist. Oder sie hofften vielleicht, sich zu verbessern, indem sie ein Kind zu zeugen versuchten, das größer und intelligenter ist als sie selbst. Wie auch immer, ihr ungewöhnliches Angebot provozierte nicht dieselbe öffentliche Empörung, wie sie die Eltern des tauben Kindes traf. Niemand wandte ein, Größe, Intelligenz und Sportlichkeit seien Behinderungen, die man einem Kind ersparen solle. Und dennoch: Irgendetwas an dieser Anzeige hinterlässt einen bleibenden moralischen Zweifel. Selbst wenn kein Schaden angerichtet wird: Muss es einen nicht beunruhigen, wenn Eltern sich ein Kind mit bestimmten genetischen Eigenschaften bestellen?

Manche verteidigen den Versuch, ein taubes Kind zu zeugen, oder eines mit überdurchschnittlichen akademischen Leistungen, als in einer entscheidenden Hinsicht vergleichbar mit der natürlichen Fortpflanzung: Was auch immer die Eltern taten, um ihre Chance zu erhöhen, sie hatten keine Erfolgsgarantie. Beide Versuche unterlagen weiterhin den Unsicherheiten der genetischen Lotterie. Diese Verteidigung wirft eine spannende Frage auf. Warum scheint ein Element der Unvorhersagbarkeit einen moralischen Unterschied zu machen? Angenommen, Biotechnologie könnte die Unsicherheit beseitigen und uns in die Lage versetzen, die genetischen Eigenschaften unserer Kinder vorherzubestimmen: was dann?

Gehen wir dieser Frage nach, indem wir für einen Moment Haustiere statt Kinder betrachten. Ungefähr ein Jahr nach der Furore um das absichtlich taube Kind, betrauerte eine Texanerin namens Julie (sie weigerte sich, ihren Nachnamen zu nennen) den Tod ihres geliebten Katers Nicky. »Er war sehr schön«, erklärte Julie. »Er war außergewöhnlich intelligent. Er reagierte auf elf Befehle.« Sie hatte von einer Firma in Kalifornien gehört, die anbot, Katzen zu klonen – *Genetic Savings & Clone*. Der Firma war es 2001 gelungen, die erste Katze zu klonen (CC genannt, in Anspielung auf das Englische *carbon copy*, was soviel heißt wie Durchschrift, aber auch Ebenbild).

Julie sandte der Firma eine Probe des Erbguts von Nicky, zusammen mit der verlangten Gebühr von 50 000 Dollar. Zu ihrer großen Freude erhielt sie einige Monate später Little Nicky, einen genetisch identischen Kater. »Er ist derselbe«, erklärte Julie, »ich habe keinen Unterschied feststellen können.«[4]

Auf ihrer Internetseite hat die Firma inzwischen eine Preissenkung für das Klonen von Katzen mitgeteilt; es kostet jetzt bescheidene 32 000 Dollar. Wenn das immer noch überzogen klingt: Es gibt eine Geld-zurück-Garantie. »Wenn sie das Gefühl haben, ihr Kätzchen würde dem genetischen Spender nicht genug gleichen, erstatten wir ihr Geld ohne Abzüge und ohne Fragen zurück.« In der Zwischenzeit arbeiten die Forscher der Firma an einem neuen Produkt – geklonten Hunden. Weil Hunde schwieriger zu klonen sind als Katzen, will die Firma dafür mindestens 100 000 Dollar verlangen.[5]

Viele Menschen finden das kommerzielle Klonen von Katzen und Hunden merkwürdig. Manche beklagen, angesichts tausender streunender Tiere, die ein gutes Zuhause bräuchten, sei es unglaublich, dass jemand für die Sonderanfertigung eines Tieres ein kleines Vermögen ausgibt. Andere machen sich Gedanken über die vielen Tiere, die beim Klonen im Muttertier absterben. Aber nehmen wir einmal an, diese Probleme seien vom Tisch. Würde uns das Klonen von Katzen und Hunden immer noch zu denken geben? Und das Klonen von Menschen?

Unsere Beunruhigung in Worte fassen

Durchbrüche in der Genetik machen uns Hoffnung und bringen uns gleichzeitig in eine Zwickmühle. Die Hoffnung liegt darin, dass wir schon bald eine ganze Reihe schlimmer Krankheiten heilen oder verhindern können. Die Zwickmühle besteht darin, dass uns das neue genetische Wissen ermöglicht, unsere eigene Natur zu manipulieren – unsere Muskeln, unser Gedächtnis, unsere Laune zu optimieren; das Geschlecht, die Größe und andere genetische Eigenschaften unserer Kinder zu bestimmen; unsere physischen und kognitiven Fähigkeiten zu verbessern; uns selbst »wohler als gesund«[6] zu machen. Die meisten Menschen finden mindestens einige Formen der genetischen Zurichtung beunruhigend. Aber es ist nicht einfach, den Ursprung unserer Beunruhigung in Worte zu fassen. Die gewohnten Begriffe des moralischen und politischen Diskurses gestatten es nur mit Mühe, auf den Punkt zu bringen, was daran falsch ist, unsere Natur neu zu arrangieren.

Betrachten wir noch einmal die Frage des Klonens. Die Geburt des Schafs Dolly im Jahr 1997 brachte eine Flut sorgenvoller Äußerungen über die Aussicht auf geklonte Menschen. Es gibt gute medizinische Gründe, sich Sorgen zu machen. Die meisten Forscher sind sich darin einig, dass Klonen unsicher ist und mit hoher Wahrscheinlichkeit Nachwuchs mit schweren Missbildungen und Geburtsfehlern erzeugt. (Dolly starb einen vorzeitigen Tod.) Aber angenommen, die Klontechnologie ist so ausgereift, dass ihr Risiko nicht größer ist als das einer natürlichen Schwangerschaft. Müsste man das Klonen von Menschen dann immer noch ablehnen? Was genau spricht dagegen, ein Kind zu erzeugen, das ein genetischer Zwilling seines Vaters oder seiner Mutter oder vielleicht eines tragisch ums Leben gekommenen älteren Geschwisterkindes oder, warum nicht, eines bewunderten Forschers, eines Sportlers oder einer sonstigen berühmten Person ist?

Manche meinen, Klonen sei falsch, weil es das Recht des Kindes auf Autonomie verletze. Indem sie im Voraus die genetische Ausstattung des Kindes bestimmen, legen es die Eltern auf ein Leben im Schatten eines, der ihm vorausgegangen ist, fest und nehmen ihm so das Recht auf eine offene Zukunft. Der Autonomie-Einwand lässt sich nicht nur gegen das Klonen erheben, sondern gegen jede Form der Biotechnik, die Eltern erlaubt, die genetische Ausstattung ihrer Kinder zu bestimmen. Nach diesem Einwand besteht das Problem mit der genetischen Zurichtung darin, dass »Designer-Kinder« nicht völlig frei sind. Auch vorteilhafte genetische Optimierungen (des musikalischen Talents etwa oder der athletischen Fähigkeiten) richten die Kinder auf bestimmte Lebensentscheidungen aus, beeinträchtigen so ihre Autonomie und verletzen ihr Recht, ihren Lebensplan für sich selbst zu bestimmen.

Auf den ersten Blick scheint das Autonomie-Argument einzufangen, was am Klonen und an anderen Formen der genetischen Zurichtung beunruhigend ist. Aber es überzeugt nicht, und zwar aus zwei Gründen. Erstens unterstellt es fälschlicherweise, dass Kinder ohne Eltern, die Designer spielen, sich ihre körperlichen Eigenschaften selbst aussuchen können. Aber niemand von uns hat sich seine genetische Ausstattung selbst ausgesucht. Die Alternative zu einem geklonten oder genetisch optimierten Kind ist nicht eines, dessen Zukunft voraussetzungslos und nicht an bestimmte Talente gebunden ist, sondern ein Kind, das auf Gedeih und Verderb der genetischen Lotterie ausgeliefert ist.

Zweitens: Selbst wenn unsere Sorge um deren Autonomie die Verunsicherung über Kinder auf Bestellung ein Stück weit erklärt, begründet sie doch nicht unsere moralische Zurückhaltung gegenüber Menschen, die sich selbst genetisch optimieren lassen wollen. Nicht alle genetischen Eingriffe werden an die nachfolgenden Generationen vererbt. Gentherapie an nicht-reproduktiven (somatischen) Zellen, etwa Muskel- oder Gehirnzellen, arbeitet mit der Wiederherstellung oder dem Ersatz beschädigter Gene. Die moralische Verlegenheit entsteht, wenn Menschen solch eine Therapie nicht dazu benutzen, eine Erkrankung zu heilen, sondern jenseits ihrer Gesundheit ihre physischen oder kognitiven Fähigkeiten auszubauen, um sich so über den Durchschnitt zu erheben.

Diese moralische Verlegenheit hat nichts mit der Einschränkung von Autonomie zu tun. Nur genetische Eingriffe in die Keimbahn, die auf Eizellen, Spermien oder Embryonen zielen, betreffen auch nachfolgende Generationen. Ein Athlet, der seine Muskeln genetisch optimiert, gibt seine zusätzliche Schnelligkeit und Kraft nicht an seine Nachkommen weiter. Man kann ihm nicht vorwerfen, er zwinge seinen Kindern Talente auf, die sie auf eine Athletenlaufbahn programmieren. Und dennoch hat die Aussicht auf genetisch veränderte Athleten etwas Beunruhigendes.

Wie die kosmetische Chirurgie benutzt die genetische Optimierung medizinische Mittel für nicht-medizinische Ziele – Ziele, die mit der Heilung oder Verhinderung von Erkrankungen, der Behebung von Verletzungen oder der Wiederherstellung der Gesundheit nichts zu tun haben. Aber anders als die kosmetische Chirurgie ist die genetische Optimierung nicht bloß kosmetisch. Sie geht im wahrsten Sinne des Wortes tief unter die Haut. Sogar somatische Optimierungen, die unsere Kinder und Kindeskinder nicht einbeziehen, werfen schwierige moralische Fragen auf. Wenn wir in Bezug auf plastische Chirurgie und Botulinspritzen gegen ein schlabberiges Kinn und zerfurchte Augenbrauen hin und her gerissen sind, dann machen wir uns wegen der genetischen Zurichtung für einen stärkeren Körper, ein besseres Gedächtnis, höhere Intelligenz und bessere Laune umso mehr Gedanken. Die Frage lautet, ob wir sie uns zu Recht machen, und wenn ja, aus welchen Gründen?

Wenn die Wissenschaft sich schneller entwickelt als unser moralisches Verstehen, wie das heute der Fall ist, tun sich die Menschen schwer, ihre Beunruhigung in Worte zu fassen. In liberalen Gesellschaften greifen sie zunächst nach der Sprache der Autonomie, der Fairness und der Individualrechte. Aber dieser Teil unseres moralischen Vokabulars reicht nicht aus, um die schwierigsten der Fragen in Bezug auf Klonen, Designer-Kinder und genetische Zurichtung anzugehen. Genau deshalb hat die genetische Revolution eine Art moralischen Schwindel erzeugt. In der Auseinandersetzung mit der Ethik der Optimierung müssen wir uns Fragen stellen, die in der modernen Welt zum großen Teil aus dem Blick geraten sind – Fragen über den moralischen Status der Natur und über die angemessene Einstellung der Menschen gegenüber der ihnen vorgegebenen Welt. Weil diese Fragen an die Theologie grenzen, scheuen moderne Philosophen und Politologen vor ihnen zurück. Aber unsere neuen biotechnologischen Kräfte machen sie unvermeidlich.

Genetische Zurichtung

Um zu zeigen, warum das so ist, wenden wir uns vier Beispielen der Biotechnik zu, die bereits am Horizont erscheinen: Muskeloptimierung, Gedächtnisoptimierung, Größenoptimierung und Geschlechtsauswahl. Für jeden dieser Fälle gilt: Was als der Versuch begann, eine Erkrankung zu behandeln oder eine genetische Störung zu verhindern, lockt nun als Instrument der Verbesserung und der Wahlmöglichkeit für Konsumenten.

Muskeln

Jeder würde eine Gentherapie begrüßen, die eine Muskeldystrophie lindert und den schwächenden Muskelschwund im Alter umkehrt. Was aber, wenn die selbe Therapie dafür eingesetzt würde, genetisch veränderte Athleten zu erzeugen? Forscher haben ein synthetisches Gen entwickelt, das in Mäusen zum Muskelwachstum und zur Verhinderung des Muskelschwunds im Alter führt. Der Erfolg ist vielversprechend im Blick auf eine Anwendung beim Menschen. Dr. H. Lee, der die Forschung leitet, erhofft sich von der Entdeckung, dass sie Bewegungseinschränkungen bei älteren Menschen heilt. Aber Dr. Sweeneys Muskel-Mäuse haben bereits die Aufmerksamkeit von Sportlern auf sich gezogen, die sich einen Wettbewerbsvorteil verschaffen wollen.[7] Das Gen repariert nicht nur geschädigte Muskeln, sondern stärkt auch die gesunden. Obwohl die Therapie für Anwendungen beim Menschen noch nicht zugelassen ist, kann man sich die Aussicht auf genetisch optimierte Gewichtheber, Baseball-Drescher, Fußball-Verteidiger und Sprinter leicht ausmalen. Der verbreitete Gebrauch von Steroiden und anderer Leistung fördernder Medikamente im Profisport deutet darauf hin, dass viele Athleten erpicht darauf sein werden, sich der genetischen Optimierung zu bedienen. Das Internationale Olympische Komitee macht sich bereits Gedanken darüber, dass veränderte Gene, anders als Medikamente, nicht durch Urin- oder Bluttests nachgewiesen werden können.[8]

Die Aussicht auf genetisch veränderte Sportler bietet eine gute Illustration der moralischen Verlegenheit, in die die Optimierung uns bringt. Sollten das IOC und der Profisport überhaupt genetisch veränderte Sportler ausschließen und wenn ja, mit welcher Begründung? Die beiden offensichtlichsten Gründe, Drogen im Sport zu verbieten, sind Sicherheit und Fairness. Steroide haben schädliche Nebenwirkungen, und Einigen zu erlauben, ihre Leistungsfähigkeit zu steigern, indem sie große Gesundheitsrisiken eingehen, würde deren Mitbewerber unfair benachteiligen. Aber nehmen wir um des Argumentes willen an, dass sich die Muskel optimierende Gentherapie als sicher herausstellt oder jedenfalls als nicht gefährlicher als ein hartes Trainingsprogramm mit Gewichten. Gäbe es dann immer noch einen Grund, ihren Einsatz im Sport zu unterbinden? Die Vorstellung von genetisch veränderten Athleten, die Geländewagen heben oder beim Baseball mehr als 200 Meter schlagen oder eine Meile in drei Minuten laufen, hat etwas Beunruhigendes. Aber was genau an diesen Szenarien löst die Beunruhigung aus? Finden wir solche übermenschlichen Spektakel schlicht allzu bizarr, um auch nur darüber nachzudenken, oder deutet unsere Beunruhigung auf etwas ethisch Bedeutsames hin?

Die Unterscheidung zwischen Heilen und Verbessern scheint einen moralischen Unterschied zu machen, aber es ist nicht klar, worin dieser Unterschied besteht. Wenn es für einen verletzten Sportler erlaubt ist, einen Muskelfaserriss mithilfe einer Gentherapie zu behandeln, warum soll es falsch sein, wenn er die Behandlung so ausweitet, dass er seinen Muskel stärkt, und dann besser als je zuvor in den nächsten Wettkampf geht? Man könnte einwenden, ein genetisch optimierter Athlet hätte gegenüber seinen nicht-optimierten Mitbewerbern einen unfairen Vorteil. Aber das Fairness-Argument gegen die Optimierung hat einen entscheidenden Fehler. Es ist schon immer so gewesen, dass einige Athleten eine bessere genetische Ausstattung haben als andere. Und dennoch meinen wir nicht, dass die natürliche Ungleichheit der genetischen Ausstattung die Fairness sportlicher Wettbewerbe untergräbt. Vom Standpunkt der Fairness aus betrachtet sind künstliche genetische Unterschiede nicht schlechter als natürliche. Hinzu kommt: Vorausgesetzt sie sind sicher, könnten genetische Optimierungen für alle verfügbar gemacht werden. Wenn genetische Optimierung im Sport moralisch verwerflich ist, dann aus anderen Gründen als Fairness.

Gedächtnis

Genetische Optimierung funktioniert für Kopf und Kraft. Mitte der 90er Jahre gelang es Wissenschaftlern, ein mit dem Erinnerungsvermögen verbundenes Gen in Fruchtfliegen so zu verändern, dass die Fliegen ein fotografisches Gedächtnis hatten. Seitdem haben andere Forscher schlaue Mäuse erzeugt, indem sie zusätzliche Kopien eines mit dem Erinnerungsvermögen zusammenhängenden Gens in Mausembryonen einschleusten. Die veränderten Mäuse lernen schneller und behalten Dinge länger als normale Mäuse. Sie können zum Beispiel Gegenstände, die sie zuvor gesehen haben, leichter wiedererkennen oder sich daran erinnern, welches Geräusch einen elektrischen Schock nach sich zieht. Das Gen, an dem die Wissenschaftler in Mausembryonen herumgefeilt haben, gibt es auch im Menschen, und es wird mit dem Alter weniger aktiv. Die zusätzlichen Kopien, die in die Mausembryonen eingebracht wurden, waren so programmiert, dass sie selbst im hohen Alter aktiv blieben, und die Verbesserung wurde an den Nachwuchs weitergegeben.[9]

Natürlich ist das menschliche Gedächtnis komplizierter als das Aufrufen einfacher Assoziationen. Aber Biotechnologiefirmen mit Namen wie *Memory Pharmaceuticals* machen geradezu Jagd auf Gedächtnis optimierende Medikamente, so genannte Kognitionsoptimierer, für Menschen. Es liegt auf der Hand, dass sich solche Medikamente an die verkaufen lassen, die unter schweren Gedächtnisstörungen wie Morbus Alzheimer oder Demenz leiden. Aber die Firmen spekulieren auf einen noch größeren Markt: die geburtenstarken Jahrgänge, die die 50 überschreiten und langsam einen altersbedingten Gedächtnisverlust spüren.[10] Ein Medikament, das den altersbedingten Gedächtnisverlust umkehrt, wäre für die pharmazeutische Industrie eine Goldgrube, ein »Viagra fürs Gehirn«.

Sein Gebrauch würde von der Heilung zur Optimierung überleiten. Anders als die Behandlung einer Alzheimer-Erkrankung würde es keine Krankheit heilen. Aber insofern es eine Fähigkeit wieder herstellt, die jemand mal besessen hat, hätte es kurative Aspekte. Es könnte aber auch rein nicht-medizinische Verwendung finden: zum Beispiel durch einen Anwalt, der sein Gedächtnis mit den Fakten eines Falles vollstopfen will, oder durch einen Geschäftsmann, der am Vorabend seines Abfluges nach Schanghai unbedingt noch Chinesisch lernen will.

Man könnte gegen das Projekt der Gedächtnisoptimierung einwenden, dass es Dinge gibt, die wir lieber vergessen möchten. Für die Pharmafirmen bedeutet der Wunsch zu vergessen jedoch kein Hindernis gegen das Gedächtnis-Geschäft, sondern ein weiteres Marktsegment.

Diejenigen, die die Wirkung traumatischer oder schmerzhafter Erinnerungen abstumpfen wollen, können vielleicht bald ein Medikament einnehmen, das schreckliche Ereignisse davon abhält, sich allzu tief ins Gedächtnis einzubrennen. Opfer eines Sexualverbrechens, Soldaten, die den Schrecken des Krieges ausgesetzt sind, oder Rettungskräfte, die sich den Folgen eines Terroranschlags gegenüber sehen, könnten ein die Erinnerung unterdrückendes Medikament einnehmen, um das Trauma, das sie sonst vielleicht ein Leben lang plagen würde, zu betäuben. Wenn die Einnahme solcher Medikamente immer mehr akzeptiert würde, könnten sie eines Tages in Notaufnahmen und Feldlazaretten routinemäßig verabreicht werden.[11]

Manche, die die kognitive Optimierung mit Sorge betrachten, verweisen auf die Gefahr, dass dadurch zwei Klassen von Menschen geschaffen werden – solche mit Zugang zu Optimierungstechnologien und solche, die sich mit einem unveränderten Gedächtnis begnügen müssen, das mit dem Alter verblasst. Und wenn die Optimierungen von Generation zu Generation vererbbar sind, könnten aus den zwei Klassen mit der Zeit zwei Unterarten des Menschen entstehen – der optimierte und der bloß natürliche. Aber die Sorge um den Zugang beantwortet nicht die eigentliche Frage über den moralischen Status der Optimierung als solcher. Ist die Vorstellung beunruhigend, weil den nicht-optimierten Armen die Vorteile der Biotechnik vorenthalten werden oder weil die optimierten Reichen irgendwie entmenschlicht werden? Wie mit den Muskeln, so mit dem Gedächtnis: Das eigentliche Problem ist nicht, wie man gleichen Zugang zur Optimierung gewährleistet, sondern ob wir überhaupt nach ihr streben sollen. Sollten wir unseren biotechnologischen Erfindungsgeist darauf richten, Krankheiten zu heilen und Verletzte gesundheitlich wiederherzustellen, oder sollten wir uns auch darum bemühen, unser Los dadurch zu erleichtern, dass wir unseren Körper und Geist neu zurichten?

Körpergröße

Kinderärzte müssen sich bereits mit der Ethik der Optimierung auseinandersetzen, wenn sie sich Eltern gegenüber sehen, die ihre Kinder größer machen wollen. Seit den 80er Jahren des vorigen Jahrhunderts dürfen Kinder, die aufgrund einer Hormonschwäche viel kleiner bleiben als der Durchschnitt, mit menschlichem Wachstumshormon behandelt werden.[12] Aber die Behandlung vergrößert auch das Längenwachstum gesunder Kinder. Manche Eltern gesunder Kinder (typischerweise Jungen), die mit deren Statur unzufrieden sind, verlangen nach der Hormonbehandlung mit der Begründung, dass es nicht von Bedeutung sein sollte, ob ein Kind kleinwüchsig ist, weil es eine Hormonschwäche hat oder weil seine Eltern zufällig klein gewachsen sind. Was immer der Grund, die sozialen Folgen des Kleinwuchses sind in beiden Fällen die selben.

Mit diesem Argument konfrontiert gingen manche Ärzte dazu über, Hormonbehandlungen auch Kindern zu verschreiben, deren kleiner Wuchs nichts mit medizinischen Problemen zu tun hatte. Im Jahr 1996 machte dieser Gebrauch außerhalb des zugelassenen Anwendungsbereichs bereits 40 Prozent aller Verordnungen des menschlichen Wachstumshormons aus.[13] Obwohl es nicht verboten ist, Medikamente auch für Zwecke zu verschreiben, die die *Food and Drug Administration* (FDA) nicht zugelassen hat, dürfen die Pharmafirmen einen solchen Gebrauch nicht bewerben. Auf der Suche nach größeren Märkten hat jedoch eine Firma, Eli Lilly, die FDA davon überzeugt, ihr menschliches Wachstumshormon auch für gesunde Kinder zuzulassen, deren voraussichtliche Körpergröße im Bereich der ersten Perzentile liegt: weniger als 160 Zentimeter für Jungen, 150 Zentimeter für Mädchen.[14] Diese kleine Konzession wirft eine große Frage zur Ethik der Optimierung auf: Wenn man die Hormonbehandlung nicht auf diejenigen beschränken muss, die eine Hormonschwäche haben, warum darf sie dann nur an sehr kleinwüchsigen Kindern angewendet werden? Warum sollten nicht alle unterdurchschnittlich großen Kinder eine solche Behandlung verlangen können? Und was ist mit einem durchschnittlich großen Kind, das größer sein will, um in die Basketballmannschaft zu kommen?

Kritiker nennen den nicht-indizierten Gebrauch des menschlichen Wachstumshormons »kosmetische Endokrinologie«. Die Krankenkasse bezahlt ihn mutmaßlich nicht, und die Behandlungen sind teuer. Zwei bis fünf Jahre lang müssen bis zu sechs Spritzen pro Woche verabreicht werden, zu jährlichen Kosten von rund 20 000 Dollar – alles für ein mögliches zusätzliches Längenwachstum von fünf bis acht Zentimetern.[15] Manche wenden gegen die Größenoptimierung ein, dass sie in der Gesamtbetrachtung aussichtslos sei: Weil einige größer werden, werden andere im Vergleich zum Durchschnitt kleiner. Außer im Märchenland kann nicht jedes Kind größer sein als der Durchschnitt. Sobald sich die Nicht-Optimierten klein fühlen, werden sie ebenfalls nach einer Behandlung verlangen, was zu einem hormonellen Wettrüsten führt, bei dem jeder verliert, besonders die, die sich ihren Weg aus dem Kleinwuchs nach oben nicht erkaufen können.

Aber der Einwand gegen das Wettrüsten allein ist nicht entscheidend. Wie das Fairness-Argument zur Biotechnik für Muskeln und Gedächtnis vernachlässigt er die Einstellungen und Neigungen, die das Streben nach Optimierung allererst auslösen. Wenn es uns nur stören würde, dass mit der Kleinwüchsigkeit der Liste der Ungerechtigkeiten gegenüber den Armen eine hinzugefügt würde, könnten wir das durch die Bereitstellung öffentlich subventionierter Größenoptimierung beheben. Was das gesellschaftliche Problem betrifft, so könnte man die unschuldig Übergangenen, die unter relativem Größenschwund leiden, dadurch kompensieren, dass man diejenigen, die ihren Weg zu größerem Längenwachstum erkaufen, über Steuern zur Kasse bittet. Die eigentliche Frage ist aber, ob wir in einer Gesellschaft leben wollen, in der sich Eltern gezwungen sehen, ein Vermögen dafür auszugeben, völlig gesunde Kinder ein paar Zentimeter größer zu machen.

Geschlechtsauswahl

Der vielleicht verlockendste nicht-medizinische Gebrauch der Biotechnik ist die Geschlechtsauswahl. Seit Jahrhunderten versuchen Eltern, das Geschlecht ihrer Kinder vorherzubestimmen. Aristoteles riet Männern, die einen Jungen wünschten, sich vor dem Geschlechtsverkehr den linken Hoden abzubinden. Der Talmud lehrt, dass Männer, die sich zurückhalten und ihren Frauen zuerst den Orgasmus ermöglichen, mit einem Sohn gesegnet sein werden. Als weitere Maßnahmen wurden empfohlen, den Zeitpunkt der Zeugung im Blick auf die Ovulation oder die Mondphase festzulegen. Heute hat die Biotechnik Erfolg, wo die Hausmittel scheiterten.[16]

Eine Technik für die Geschlechtsauswahl kam mit vorgeburtlichen Fruchtwasser- und Ultraschalluntersuchungen auf. Diese waren entwickelt worden, um genetische Anomalien wie einen offenen Rücken (*Spina bifida*) oder Trisomie 21 zu erkennen. Aber sie können auch das Geschlecht eines Föten verraten und ermöglichen damit den Abort eines Föten ungewollten Geschlechts. Sogar unter denjenigen, die für das Recht auf Schwangerschaftsabbruch eintreten, befürworten nur wenige den Abbruch, einfach weil die Mutter (oder der Vater) kein Mädchen wollen. Aber in Gesellschaften mit starken kulturellen Präferenzen für Jungen ist die Geschlechtsbestimmung durch Ultraschall und ein anschließender Abort weiblicher Föten gängige Praxis. In Indien ist die Zahl der Mädchen pro 1000 Jungen in den letzten 20 Jahren von 962 auf 927 gesunken. Indien hat den Einsatz vorgeburtlicher Diagnostik zur Geschlechtsauswahl ausdrücklich verboten, aber das Gesetz wird selten durchgesetzt. Wandernde Radiologen mit tragbaren Ultraschallgeräten reisen von Dorf zu Dorf und bieten ihre Dienste an. Eine Klinik in Bombay berichtete, dass von 8000 durchgeführten Schwangerschaftsabbrüchen mit einer einzigen Ausnahme alle eine Geschlechtsauswahl zum Ziel hatten.[17]

Aber Geschlechtsauswahl muss keinen Schwangerschaftsabbruch zur Folge haben. Für Paare, die sich einer künstlichen Befruchtung (In-vitro-Fertilisation, IVF) unterziehen, ist es möglich, dass Geschlecht des Kindes auszuwählen, bevor die befruchtete Eizelle in die Gebärmutter eingesetzt wird. Das Verfahren, das als Präimplantationsdiagnostik (PID) bekannt ist, läuft wie folgt ab: In einer Petrischale werden mehrere Eizellen befruchtet und können zum Acht-Zell-Stadium heranreifen (was etwa drei Tage dauert). Dann werden die frühen Embryonen auf ihr Geschlecht hin untersucht. Die mit dem erwünschten Geschlecht werden eingepflanzt; die anderen werden normalerweise entsorgt. Obwohl nur wenige Paare die Schwierigkeiten und Kosten einer IVF auf sich nehmen dürften, nur um das Geschlecht ihres Kindes auszuwählen, ist die Untersuchung der Embryonen doch eine hoch verlässliche Methode der Geschlechtsauswahl. Mit der Verbesserung unseres genetischen Wissens könnte es möglich werden, die PID dazu einzusetzen, Embryonen mit anderen unerwünschten genetischen Merkmalen herauszufiltern, etwa denen, die mit Fettleibigkeit, Größe oder Hautfarbe verbunden sind. Der Science-Fiction-Film *Gattaca* aus dem Jahr 1997 zeigt eine Zukunft, in der Eltern ihre Embryonen routinemäßig auf Geschlecht, Größe, Immunität gegen Erkrankungen und sogar Intelligenz untersuchen lassen. Das Bild, das in *Gattaca* entworfen wird, hat etwas Beunruhigendes, aber es ist nicht leicht, genau zu bestimmen, was mit der Untersuchung von Embryonen zur Geschlechtsauswahl nicht stimmt.

Eine Kette von Einwänden bemüht Argumente, die aus der Debatte über den Schwangerschaftsabbruch bekannt sind. Diejenigen, die davon überzeugt sind, der Embryo sei eine Person, lehnen die Untersuchung der Embryonen aus denselben Gründen ab, aus denen sie einen Schwangerschaftsabbruch ablehnen. Wenn ein Acht-Zell-Embryo in einer Petrischale einem ausgewachsenen Menschen moralisch äquivalent ist, dann ist, ihn zu entsorgen, nicht besser, als einen Fötus abzutreiben, und beides kommt der Kindstötung gleich. Was auch immer seine Stärken, dieser Einwand »für das Leben« ist kein Argument gegen die Geschlechtsauswahl als solche. Er ist ein Argument gegen jegliche Form der Untersuchung von Embryonen, einschließlich der PID, zum Ausschluss genetischer Erkrankungen. Weil der Einwand »für das Leben« in den gewählten Mitteln ein alles entscheidendes Übel sieht (nämlich das Entsorgen ungewollter Embryonen), lässt er die Frage unbeantwortet, ob etwas mit der Geschlechtsauswahl als solcher nicht stimmt.

Die neueste Technologie zur Geschlechtsauswahl stellt diese Frage selbst, unbehelligt von der Frage nach dem moralischen Status des Embryos. Das *Genetics & IFV-Institut*, eine kommerzielle IVF-Klinik in Fairfax, Virginia, bietet heutzutage eine Spermiensortierung, so dass die

Klienten das Geschlecht des Kindes bereits vor der Zeugung auswählen können. Spermien mit zwei X-Chromosomen (die Mädchen zeugen) tragen mehr DNS als Spermien mit einem Y-Chromosom (die Jungen zeugen). Ein Gerät mit dem Namen Durchflusszytometer kann beide voneinander trennen. Das geschützte Verfahren mit dem Namen *MicroSort* hat eine hohe Erfolgsrate – 91 Prozent, wenn es ein Mädchen sein soll, und 76 Prozent für Jungen. Das *Genetics & IVF*-Institut nutzt für die Technologie eine Lizenz des amerikanischen Landwirtschaftsministeriums, das das Verfahren für die Viehzucht entwickelt hatte.[18] Wenn die Geschlechtsauswahl durch das Sortieren der Spermien Einwände weckt, dann aus Gründen, die über die Debatte zum moralischen Status des Embryos hinausgehen. Ein solcher Grund ist, dass die Geschlechtsauswahl ein Instrument der Geschlechterdiskriminierung ist, typischerweise gegen Mädchen, wie die abschreckenden Geschlechterzahlen in Indien und China zeigen. Manche spekulieren, dass Gesellschaften mit einer erheblich größeren Zahl an Männern als Frauen weniger stabil, gewalttätiger, eher anfällig für Verbrechen und Krieg sein werden als Gesellschaften mit normaler Geschlechterverteilung.[19] Dies alles sind legitime Sorgen, aber die Spermiensortier-Firma hat eine findige Art sie zu kontern. Es bietet *MicroSort* nur solchen Paaren an, die das Geschlecht ihres Kindes auswählen wollen, um das Geschlechterverhältnis in der eigenen Familie auszugleichen. Diejenigen mit mehr Söhnen als Töchtern dürfen ein Mädchen auswählen und umgekehrt. Aber die Kunden dürfen die Technologie nicht benutzen, um sich mehrere Kinder des selben Geschlechts zuzulegen oder gar das Geschlecht ihres Erstgeborenen zu bestimmen. Bislang hat sich die Mehrheit der MicroSort-Kunden für ein Mädchen entschieden.[20]

Der Fall *MicroSort* hilft uns, die moralischen Fragen, die die Optimierungstechnologien aufwerfen, abzugrenzen. Lassen wir bekannte Debatten über Sicherheit, Embryonenverlust und Geschlechterdiskriminierung beiseite. Stellen wir uns vor, Spermiensortiertechnologien würden in einer Gesellschaft eingesetzt, die nicht Jungen gegenüber Mädchen bevorzugt und die letztlich ausgeglichene Geschlechterzahlen erreicht. Wäre die Geschlechtsauswahl unter diesen Bedingungen unangreifbar? Was wäre, wenn man nicht nur das Geschlecht, sondern auch die Größe, Augenfarbe und Hautfarbe bestimmen könnte? Was mit sexueller Orientierung, IQ, Musikalität und Sportlichkeit? Oder nehmen wir an, die Technologien zur Muskel-, Gedächtnis- und Größenoptimierung wären so ausgefeilt, dass sie sicher und für jeden verfügbar wären. Würden sie dann keine Einwände mehr hervorrufen? Nicht unbedingt. In jedem dieser Fälle bleibt etwas moralisch Beunruhigendes. Die Unruhe rührt nicht bloß von den eingesetzten Mitteln her, sondern auch von den Zielen, die man erreichen will. Es wird gewöhnlich gesagt, dass Optimierung, Klonen und genetische Zurichtung eine Bedrohung der menschlichen Würde bedeuten. Das ist sicher wahr. Aber die Herausforderung besteht darin zu erklären, *wie* diese Praktiken unser Menschsein beeinträchtigen. Welche Aspekte der menschlichen Freiheit und des menschlichen Gedeihens bedrohen sie?

2.
Bionische Athleten

Ein Aspekt unseres Menschseins, der durch Optimierung und genetische Zurichtung bedroht sein könnte, ist unsere Fähigkeit, frei zu handeln, für uns selbst, durch unseren eigenen Einsatz, und uns als verantwortlich – eines Lobes oder Tadels wert – zu betrachten für die Dinge, die wir tun, und die Art, wie wir sind. Es ist eine Sache, aufgrund von Training und Eifer 70 Homeruns zu erzielen, eine andere, geringere, sie mit Hilfe von Steroiden oder genetisch optimierten Muskeln zu erreichen. Natürlich werden die Beiträge von Eifer und Optimierung eine Frage des Grades sein. Aber in dem Maße, in dem der Beitrag der Optimierung ansteigt, verfliegt unsere Bewunderung für den Erfolg. Oder anders: Unsere Bewunderung geht über vom Spieler auf seinen Apotheker.

Das sportliche Ideal: Eifer und Begabung

Es liegt nahe, dass unsere moralische Reaktion auf die Optimierung eine Reaktion auf die verminderte Handlungsurheberschaft der Person ist, deren Erfolg optimiert ist. Je mehr der Sportler sich auf Doping oder genetische Hilfe verlässt, desto weniger stellt seine Leistung seinen Erfolg dar. Als Extremfall können wir uns einen roboterhaften, bionischen Athleten vorstellen, der dank implantierter Computerchips, die den Winkel und das Timing seines Schwungs perfektionieren, jeden Wurf innerhalb der Schlagzone in einen Home-run verwandelt. Der bionische Athlet wäre überhaupt kein Handelnder; »sein« Erfolg wäre der seines Erfinders. Nach dieser Auffassung bedroht das Optimieren unser Menschsein, indem es unsere menschliche Handlungsurheberschaft aushöhlt. Seinen endgültigen Ausdruck findet es in einem vollständig mechanistischen Verständnis menschlichen Handelns, das sich nicht verträgt mit menschlicher Freiheit und moralischer Verantwortung.

Obwohl vieles für diese Ansicht spricht, glaube ich doch nicht, dass es das Hauptproblem des Optimierens und der genetischen Zurichtung ist, dass sie Eifer untergraben und menschliche Handlungsurheberschaft aushöhlen.[1] Die größere Gefahr ist, dass sie eine Art Hyperautorschaft darstellen, ein prometheisches Streben, die Natur, einschließlich der menschlichen, neu zu erfinden, damit sie unseren Zwecken genügt und unsere Bedürfnisse befriedigt. Das Problem liegt nicht im Trend zum Mechanismus, sondern im Sprung zur Beherrschung. Und was dieser Sprung zur Beherrschung übersieht und vielleicht sogar zerstört, ist eine Wertschätzung der geschenkten Natur menschlicher Fähigkeiten und Erfolge.

Den Charakter des Lebens als Gabe anzuerkennen, heißt zu erkennen, dass unsere Talente und Fähigkeiten nicht allein unser Tun sind, ja, dass sie uns nicht einmal ganz gehören, trotz der Anstrengungen, die wir unternehmen, um sie zu entwickeln und einzusetzen. Es bedeutet auch zu erkennen, dass nicht alles in der Welt beliebig verwendet werden kann, wie wir es uns wünschen oder ausdenken. Eine Wertschätzung der geschenkten Natur des Lebens schränkt das prometheische Projekt ein und führt zu einer gewissen Demut. Es ist zum Teil ein religiöses Gespür. Aber seine Schwingungen reichen weiter als die Religion.

Es ist schwierig darzulegen, was wir an menschlichem Tun und Erfolg bewundern, ohne irgendwie diesen Gedanken heranzuziehen. Betrachten wir zwei Arten sportlichen Erfolgs: Wir bewundern Baseball-Spieler wie Pete Rose, die nicht mit großartigen natürlichen Begabungen gesegnet sind, aber die es mit Hilfe von Eifer, Mühe, Schneid und Entschlossenheit schaffen, sich in ihrer Sportart auszuzeichnen. Aber wir bewundern ebenso Spieler wie Joe DiMaggio, deren Klasse in der Anmut und Leichtigkeit besteht, mit der sie ihre natürliche Begabung vorführen. Nehmen wir nun an, dass beide Spieler Leistung fördernde Mittel einnahmen. Wessen Doping finden wir enttäuschender? Welcher Aspekt des sportlichen Ideals – Eifer oder Begabung – wurde schwerer beleidigt?

Manche mögen sagen der Eifer; das Problem mit dem Doping ist, dass es eine Abkürzung ermöglicht, einen Weg, ohne Bemühung zu gewinnen. Aber im Sport geht es nicht um Mühe, es geht um Klasse. Und Klasse besteht wenigstens zum Teil in der Vorführung natürlicher Talente und Gaben, die kein Tun des Athleten sind, der sie besitzt. Für demokratische Gesellschaften ist dies eine unbequeme Tatsache. Wir wollen glauben, dass Erfolg, im Sport und im Leben, etwas ist, das wir verdienen, nicht etwas, das wir ererben. Natürliche Gaben und die

Bewunderung, die sie hervorrufen, bringen den Glauben an Verdienst in Verlegenheit; sie werfen einen Schatten des Zweifels auf die Überzeugung, dass Lob und Belohnungen allein dem Eifer entspringen. Angesichts dieser Verlegenheit blasen wir die moralische Bedeutung des Eifers und der Bemühung auf und entwerten die Begabung. Diese Verzerrung kann man am Beispiel der Fernsehübertragungen von den Olympischen Spielen beobachten, die weniger die Leistungen der Athleten in den Mittelpunkt stellen als vielmehr herzzerreißende Geschichten über die Widrigkeiten, die diese bewältigt, die Hindernisse, die sie überwunden und die Kämpfe, die sie durchgestanden haben, um eine Verletzung, eine schwere Kindheit oder politische Unruhen in ihrer Heimat hinter sich zu lassen.

Wenn Eifer das höchste sportliche Ideal wäre, dann bestünde die Sünde der Optimierung darin, Training und harte Arbeit zu umgehen. Aber Eifer ist nicht alles. Keiner glaubt, dass ein mittelmäßiger Basketballspieler, der sogar mehr und härter trainiert als Michael Jordan, größeren Ruhm oder einen besser dotierten Vertrag verdient. Das wirkliche Problem mit genetisch veränderten Athleten ist, dass sie den sportlichen Wettbewerb als eine menschliche Aktivität, die die Pflege und Vorführung natürlicher Talente belohnt, verderben. Aus dieser Warte kann man das Optimieren als den endgültigen Ausdruck einer Ethik des Eifers und Trachtens ansehen, als eine Art hochtechnisierter Bemühung. Diese Ethik des Trachtens und die biotechnologischen Kräfte, derer sie sich jetzt bedient, sind beide gegen die Anrechte der Begabung in Stellung gebracht.

Leistungsoptimierung: hoch und niedrig technisiert

Die Grenze dazwischen, natürliche Gaben zu pflegen und sie durch den Einsatz künstlicher Hilfen zu verderben, mag nicht immer eindeutig sein. Anfangs liefen Läufer barfuß. Der Person, die als erste Laufschuhe anzog, mag vorgeworfen worden sein, sie verderbe das Rennen. Der Vorwurf wäre ungerecht gewesen; solange jeder Zugriff auf sie hat, unterstreichen Laufschuhe eher die Klasse, die das Rennen vorführen soll, als sie zu verschleiern. Das selbe kann aber nicht von allen Hilfsmitteln gesagt werden, die Sportler benutzen, um ihre Leistung zu steigern. Als entdeckt wurde, das Rosie Ruiz 1980 den Boston Marathon gewonnen hatte, weil sie sich vom Feld abgesetzt und einen Teil der Strecke mit der U-Bahn zurückgelegt hatte, wurde ihr der Preis aberkannt. Die schwierigen Fälle liegen irgendwo zwischen den Laufschuhen und der U-Bahn.

Neuerungen beim Material sind eine Art der Optimierung, immer konfrontiert mit der Frage, ob sie die für das Spiel wesentlichen Fertigkeiten hervorheben oder verschleiern. Aber das Optimieren des Körpers scheint die schwierigsten Fragen aufzuwerfen. Seine Befürworter bringen vor, dass Medikamente und genetische Eingriffe sich nicht von anderen Methoden unterscheiden, mit denen Sportler ihre Körper verändern, um ihre Leistung zu steigern, etwa spezielle Diäten, Vitamine, Energieriegel, frei verkäufliche Nahrungsmittelergänzungen, strenge

Trainingsprogramme, sogar die Chirurgie. Tiger Woods konnte so schlecht sehen, dass er das große E beim Optiker nicht lesen konnte. Im Jahr 1999 unterzog er sich einer Augenlaseroperation, um sein Sehvermögen zu verbessern, und er gewann die folgenden fünf Turniere.[2]

Der Heilcharakter der Augenoperation macht es leicht, sie zu akzeptieren. Aber was, wenn Woods ein normales Sehvermögen gehabt hätte und verbessern wollte? Oder angenommen, wie es der Fall zu sein scheint, dass die Laserbehandlung ihm ein besseres Sehvermögen beschert hat als dem Durchschnittsgolfer. Würde das aus der Operation eine illegitime Optimierung machen?

Die Antwort hängt davon ab, ob die Verbesserung des Sehvermögens bei Golfspielern die Talente und Fähigkeiten, die Golf im besten Fall testen soll, eher herausstellt oder eher verschleiert. Die Befürworter des Optimierens haben insoweit Recht: Die Legitimität der Optimierung des Sehvermögens bei Golfspielern hängt nicht davon ab, welche Mittel sie einsetzen – ob Chirurgie, Kontaktlinsen, Augenübungen oder reichliche Rationen Karottensaft. Wenn Optimierung beunruhigend ist, weil sie natürliche Gaben verzerrt und ausschaltet, ist das Problem nicht auf Medikamente und genetische Veränderungen beschränkt; ähnliche Einwände können auch erhoben werden gegen Arten der Optimierung, die wir gemeinhin akzeptieren, wie etwa Training und Diät.

Als Roger Bannister 1954 als erster Mensch die Meile unter vier Minuten lief, bestand sein Training darin, während der Mittagspause am Krankenhaus, wo er als Medizinstudent arbeitete, mit seinen Freunden zu laufen.[3] Nach den Standards heutigen Trainings hätte Bannister genau so gut barfuß laufen können. In der Hoffnung, die Leistung amerikanischer Marathonläufer zu verbessern, unterstützt die Firma Nike ein hochtechnisiertes Trainingsexperiment in einem hermetisch abgeschlossenen »Höhenhaus« in Portland, Oregon. Molekulare Filter entfernen genug Sauerstoff aus dem Haus, um die dünne Luft zu simulieren, die man in Höhen von 3500 bis 5000 Metern findet. Fünf vielversprechende Läufer wurden angeworben, für vier bis fünf Jahre in dem Haus zu leben, um die Ausdauertrainingstheorie des »lebe oben, laufe unten« zu testen. Indem sie auf der Höhe der Himalayas schlafen, stärken die Läufer ihre Produktion der Sauerstoff transportierenden roten Blutkörperchen, eines Schlüsselfaktors bei der Ausdauer. Wenn sie dann auf Meereshöhe trainieren – sie laufen mehr als 160 Kilometer pro Woche – können sie ihre Muskeln bis zum Äußersten auslasten. Das Haus hat auch Geräte, die die Herzfrequenz der Athleten, die Zahl der roten Blutkörperchen, den Sauerstoffverbrauch, Hormonspiegel und Gehirnaktivitäten überwachen, so dass sie die Zeit und Intensität ihres Trainings den physiologischen Indikatoren anpassen können.[4]

Das IOC ist damit befasst zu entscheiden, ob künstliches Höhentraining verboten wird. Es hat bereits andere Methoden untersagt, durch die Sportler ihre Ausdauer verbessern, indem sie die Konzentration der roten Blutkörperchen erhöhen, etwa Bluttransfusionen und Erythropoietin- (EPO-)Injektionen. EPO ist ein Hormon, das in den Nieren hergestellt wird und die Produktion roter Blutkörperchen stimuliert. Eine synthetische Variante von EPO, als Hilfe für Dialysepatienten entwickelt, ist zu einem populären, wenn auch illegalen Leistungsförderer für Langstreckenläufer, Radfahrer und Skilangläufer geworden. Das IOC hat bei den Olympischen Spielen 2000 in Sydney erstmals auf EPO testen lassen, aber eine neue Form der EPO-Gentherapie könnte schwieriger aufzudecken sein als die synthetische Variante. Wissenschaftler, die mit Pavianen arbeiten, haben einen Weg gefunden, eine zusätzliche Kopie des Gens, das für die Produktion von EPO verantwortlich ist, einzuschleusen. In nicht allzu langer Zeit könnten genetisch veränderte Läufer und Radfahrer in der Lage sein, eine ganze Saison lang oder darüber hinaus überdurchschnittliche Mengen eigenen EPOs herzustellen.[5]

Das moralische Rätsel stellt sich so dar: Wenn EPO-Spritzen und genetische Modifikationen Einwände wecken, warum nicht auch das »Höhenhaus« von Nike? Die Auswirkung auf die Leistung ist die selbe – Erhöhung der aeroben Ausdauer, indem man die Fähigkeit des Blutes verbessert, Sauerstoff zu den Muskeln zu transportieren. Es scheint kaum achtbarer zu sein, das Blut dadurch zu verdicken, dass man in einem abgeschlossenen Raum mit verdünnter Luft schläft, als dass man Hormone spritzt oder seine Gene verändert. Im Jahr 2006 folgte der Ethikausschuss der Welt-Anti-Doping-Agentur (WADA) dieser Logik und beschloss, dass der Einsatz von Kammern oder Zelten mit sauerstoffarmer Luft (künstliche hypoxische Anlagen) »den Geist des Sports« verletzt. Diese Entscheidung provozierte den Widerspruch von Radfahrern, Läufern und Firmen, die solche Geräte verkaufen.[6]

Wenn einige Trainingsformen fragwürdige Wege zu optimierter Leistung sind, dann auch manche Ernährungsgewohnheiten. In den letzten 30 Jahren haben Fußballspieler in der NFL dramatisch an Körperfülle zugelegt. Das Durchschnittsgewicht eines Angriffsspielers an der Außenlinie im Endspiel, dem *Super Bowl*, von 1972 betrug bereits reichliche 113 Kilogramm. 30 Jahre später wog ein solcher Spieler im Durchschnitt bereits 138 Kilogramm, und die Dallas Cowboys rühmten sich des ersten NFL-Spielers über 180 Kilogramm, Abwehrspieler Aaron Gibson, dessen Gewicht offiziell mit 192 Kilogramm angegeben wird. Der Einsatz von Steroiden hat ohne Zweifel zur Gewichtszunahme bei den Spielern beigetragen, besonders in den 70er und 80er Jahren. Aber seit 1990 waren Steroide verboten und die Gewichtszunahme hielt an, hauptsächlich durch Nahrungsaufnahme in Riesenportionen durch Spieler, die um den Einsatz wetteiferten. Selena Roberts schrieb in der *New York Times*: »Für einige Spieler, die unter enormem Druck stehen zuzunehmen, reduziert sich die Wissenschaft vom Gewicht auf eine Mischung aus nicht regulierten Nahrungsergänzungsmitteln und einer Tüte Cheeseburger.«[7]

Ein Berg von BigMacs ist keine Hochtechnologie. Dennoch: Spieler zu ermuntern, sich einer Megakalorien-Diät zu unterziehen, um sich in menschliche Schilde und Rammböcke von fast 200 Kilogramm zu verwandeln, ist genau so ethisch fragwürdig wie sie zu ermutigen, sich durch Steroide, Wachstumshormone oder genetische Veränderungen zu Muskelpaketen zu machen. Was auch immer die Mittel, die Kampagne für superschwere Spieler erniedrigt das Spiel und die Würde derjenigen, die für seine Ansprüche ihren Körper deformieren. Ein berühmter ehemaliger NFL-Spieler beklagt, dass die wuchernden Spieler von heute, die zu schwer sind, um im Lauf den Ball aufzunehmen oder abzuschirmen, nur noch als schwere »Bauchböcke« eingesetzt werden können: »Das ist alles, was die da draußen machen. Sie sind nicht mehr so athletisch und gewandt. Sie gebrauchen ihre Füße nicht mehr.«[8] Die Leistung zu optimieren, indem man Cheeseburger in sich hineinstopft, fördert nicht sportliche Klasse, sondern löscht sie aus zu Gunsten eines knochenbrecherischen Spektakels.

Das vertrauteste Argument für das Verbot von Medikamenten wie Steroiden ist, dass sie die Gesundheit der Athleten gefährden. Aber Sicherheit ist nicht der einzige Grund, warum man Leistung fördernde Medikamente und Technologien beschränkt. Auch Optimierungen, die sicher sind und allen zur Verfügung stehen, können die Integrität einer Sportart gefährden. Es ist wahr: Wenn die Regeln allerlei Medikamente, Nahrungsergänzungsmittel, Gerätschaften und Trainigsmethoden erlaubten, wäre ihr Einsatz kein Betrug. Aber Betrug ist nicht die einzige Weise, auf die ein Spiel verdorben werden kann. Die Integrität einer Sportart hoch zu halten, heißt mehr, als nach den Regeln zu spielen oder diese durchzusetzen. Es heißt, die Regeln so zu gestalten, dass sie die Klasse, die wesentlich zum Spiel gehört, achtet und die Fertigkeiten derer, die am besten spielen, belohnt.

Manche Arten, das Spiel zu spielen und sich dafür aufzubauen, riskieren, es zu etwas anderem zu machen – etwas, das weniger mit Sport und mehr mit Spektakel zu tun hat. Ein Spiel, in dem genetisch veränderte Drescher routinemäßig Home-runs erzielen, mag vielleicht eine Zeit lang amüsant sein, aber es würde das menschliche Drama und die Komplexität von Baseball, in dem selbst die größten Schlagmänner öfter scheitern als sie Erfolg haben, vermissen lassen. (Sogar der Spaß, dem jährlichen Wettbewerb im Home-run-Schlagen zuzuschauen, einem ziemlich harmlosen Spektakel, das die *Major League Baseball* veranstaltet, setzt ein wenig Vertrautheit mit der eigentlichen Angelegenheit voraus – einem Spiel, in dem Home-runs, alles andere als Routine, heroische Momente in einem größeren Drama darstellen.)

Der Unterschied zwischen einem Sport und einem Spektakel ist der Unterschied zwischen echtem Basketball und »Trampolinbasketball«, in dem die Spieler sich hoch über den Korb katapultieren und den Ball von oben versenken können; es ist der Unterschied zwischen echtem Ringkampf und der Version, die die *World Wrestling Federation* (WWF) veranstaltet, in dem die Ringer ihre Gegner mit Klappstühlen attackieren. Indem sie ein Aufmerksamkeit heischendes Merkmal einer Sportart durch künstliche Hilfen herausheben und übertreiben, setzen Spektakel die natürlichen Talente und Begabungen herab, die die größten Spieler vorführen. In einer Sportart, die es Basketballspielern erlaubt, ein Trampolin zu benutzen, würde die Athletik eines Michael Jordan nicht länger so herausragen.

Natürlich verderben nicht alle Innovationen in Training und Ausrüstung das Spiel. Manche, wie Baseball-Handschuhe oder Tennisschläger aus Graphit, verbessern es. Wie können wir zwischen Veränderungen, die das Spiel verderben oder verbessern, unterscheiden? Kein einfaches Prinzip kann diese Frage ein für allemal beantworten. Die Antwort hängt vom Charakter der Sportart ab und davon, ob die neue Technologie die Talente und Fertigkeiten, die die besten Spieler auszeichnen, hervorheben oder verschleiern. Laufschuhe verbesserten Rennen, indem sie das Risiko verminderten, dass Läufer durch Zufälligkeiten, die nichts mit dem Rennen zu tun haben, behindert wurden (etwa barfuß auf einen spitzen Stein zu treten); Schuhe machten das Rennen zu einem echteren Test des besten Läufers. Marathonläufern zu erlauben, die U-Bahn zum Ziel zu benutzen, oder Ringern, mit Klappstühlen zu kämpfen, macht die Fertigkeiten, die Marathonrennen oder Ringkämpfe testen sollen, verächtlich.

Auseinandersetzungen über die Ethik des Optimierens sind immer, wenigstens zum Teil, Auseinandersetzungen über das Telos, den springenden Punkt, der in Frage stehenden Sportart, und die Tugenden, die für ein Spiel bedeutend sind. Dies gilt sowohl für umstrittene wie für offensichtliche Fälle. Nehmen wir das Traineramt. In *Die Stunde des Siegers*, einem Film, der im England der 20er Jahre spielt, rügen die Vorgesetzten an der Universität Cambridge einen ihrer Starathleten dafür, dass er einen Lauftrainer beschäftigt.[9] Das, so meinen sie, verletze den Geist des Amateursports, zu dem ihrer Meinung nach auch zählt, dass man ganz alleine oder mit seinen Kameraden trainiert. Der Läufer ist der Ansicht, der springende Punkt des Universitätssports liege darin, seine athletischen Talente so weit wie möglich zu entwickeln, und dass der Trainer die Verfolgung dieses Ziels befördere, nicht belaste. Ob der Trainer ein legitimes Mittel der Leistungsoptimierung ist, hängt davon ab, welche Auffassung vom Sinn des Universitätssports und der dazu gehörigen Tugenden korrekt ist.

Debatten über Leistungsoptimierung entstehen in der Musik genau wie im Sport, und sie haben eine ähnliche Gestalt. Manche Musiker, die unter Bühnenangst leiden, nehmen Beta-Blocker, um vor dem Auftritt ihre Nerven zu beruhigen. Die Medikamente, die entwickelt wurden, um Herzstörungen zu behandeln, helfen nervösen Musikern, indem sie die Wirkung von Adrenalin vermindern, die Herzfrequenz herabsetzen und ihnen gestatten, durch zitternde Hände unbehindert zu spielen.[10] Gegner dieser Praxis halten eine von Medikamenten beruhigte Darbietung für eine Art Betrug und vertreten die Auffassung, es sei Teil des Musikerlebens, seine Angst auf natürlichem Wege in den Griff zu bekommen. Befürworter der Beta-Blocker halten dagegen, die Medikamente machten niemanden zu einem besseren Geiger oder Pianisten, sondern beseitigten einfach eine Behinderung, so dass die Ausführenden ihre wahre musikalische Begabung zeigen können. Hintergrund dieser Debatte ist eine Auseinandersetzung darüber, welche Qualitäten jemand besitzen muss, um ein ausgezeichneter Musiker zu sein: Ist Gelassenheit angesichts eines vollbesetzten Hauses wesentlicher Bestandteil einer ausgezeichneten musikalischen Aufführung, oder ist sie bloß Begleiterscheinung?

Manchmal können mechanische Optimierungen verderblicher sein als pharmakologische. Neuerdings werden in Konzert- und Opernhäusern Klangverstärkersysteme installiert.[11] Musikliebhaber klagen, dass das Anbringen von Mikrofonen an den Musikern den Klang verschmiert und die Kunst herabsetzt. Großer Operngesang bestehe nicht nur im Treffen der richtigen Töne, bringen sie vor, sondern auch darin, die natürliche menschliche Stimme bis in die hintersten Reihen klar verständlich zu machen. Für klassisch ausgebildete Vokalisten ist das Aufdrehen der Lautstärke nicht das selbe, wie die Stimme zu projizieren; letzteres ist Teil der Kunst. Der Opernstar Marilyn Horne nennt die Klangoptimierung den »Todesstoß für guten Gesang«.[12]

Anthony Tommasini, Musikkritiker der *New York Times*, beschreibt, wie die Klangverstärkung das Broadway-Musical verändert und in mancher Hinsicht herabgesetzt hat: »In seinen aufregenden ersten Jahrzehnten war das Broadway-Musical ein anregend intelligentes Genre, in dem gewitzte Texte in einfallsreicher Weise mit peppiger, schmissiger oder wehmütig eingängiger Musik vermischt wurden. In seinem Kern war es jedoch eine vom Wort bestimmte Kunstform. [...] Aber als die Verstärker sich am Broadway breit machten, wurden die Zuhörer unvermeidlich unaufmerksamer, passiver. So änderte sich nach und nach jedes Element des Musicals, von der Lyrik (jetzt weniger subtil und fein gesponnen) bis zu den Themen und Musikstilen (je größer, opulenter und kitschiger, desto besser).« Je »weniger intelligent und platter« die Musicals wurden, desto mehr wurden Stimmen »von opernhaften Dimensionen an den Rand gedrängt«, und das Genre sank zu melodramatischen Spektakeln wie dem *Phantom der Oper* oder *Miss Saigon* herab. Je mehr sich das Musical an die Verstärkung gewöhnte, »desto geringer wurde die Kunstform, jedenfalls wurde sie zu einer anderen.«[13]

Die Gefahr vor Augen, dass der Oper das selbe Schicksal widerfahren könnte, plädiert Tommasini dafür, die traditionelle, unverstärkte Oper wenigstens als Option neben der elektronisch optimierten zu erhalten. Diese Anregung erinnert an ähnliche Vorschläge paralleler Sportwettkämpfe für Optimierte und Nicht-optimierte. Ein solcher Vorschlag kam von einem Optimierungsenthusiasten, der im Technologiemagazin *Wired* schrieb: »Man sollte eine Liga für die gentechnisch veränderten Home-run-Schläger und eine andere für die menschlichen Drescher schaffen. Eine Veranstaltung für den Sprinter, der vollgepumpt ist mit Hormonen, und eine andere für die freilaufende lahme Ente.« Der Autor war davon überzeugt, dass die gesteigerten Ligen höhere Zuschauerzahlen erzielen würden als ihre gänzlich naturbelassenen Gegenstücke.[14]

Ob verstärkte oder traditionelle Oper, oder gesteigerte und »freilaufende« Sportligen längere Zeit nebeneinander bestehen könnten, ist schwer zu sagen. In der Kunst wie im Sport lassen technologisch optimierte Versionen einer Betätigung die alten Formen selten ungestört; Normen ändern sich, das Publikum gewöhnt sich um und das Spektakel übt einen gewissen Reiz aus, sogar wenn es uns des unverfälschten Zugangs zu menschlichen Talenten und Begabungen beraubt.

Die Regeln eines sportlichen Wettkampfs danach zu beurteilen, wie sie zu der Klasse, die wesentlich zum Sport gehört, passen, werden manche für unangemessen voreingenommen halten und sich an die altmodische, aristokratische Sensibilität der Cambridge-Professoren in *Die Stunde des Siegers* erinnert fühlen. Aber es ist schwer verständlich zu machen, was wir am Sport bewundern, ohne sich ein Urteil darüber zu bilden, was der springende Punkt des Spiels und dessen bedeutsame Tugenden sind.

Überlegen wir uns die Alternative. Manche Menschen leugnen, dass Sport einen springenden Punkt hat. Sie bestreiten, dass die Regeln eines Spiels zum Telos einer Sportart passen und die von dessen guten Spielern gezeigten Talente hochhalten sollten. Nach dieser Auffassung sind die Regeln eines Spiels völlig beliebig, gerechtfertigt allein durch die Unterhaltung, für die sie sorgen, und die Zahl der Zuschauer, die sie anlocken. Die klarste Formulierung dieser Sicht findet sich ausgerechnet in einer abweichenden Meinung von Richter Antonin Scalia zu einem Urteil des Obersten Gerichts der USA. Der Fall drehte sich um einen Profigolfer, der, weil er aufgrund einer erblichen Erkrankung in den Beinen nicht ohne Schmerzen laufen konnte, gestützt auf den Americans with Disabilities Act das Recht einklagte, bei Profiturnieren ein Golfcart zu benutzen. Das Oberste Gericht entschied zu seinen Gunsten mit der Begründung, über den Platz zu laufen sei kein wesentlicher Aspekt des Golfspiels. Scalia verfasste eine abweichende Meinung, in der er anführte, dass es unmöglich sei, wesentliche von beiläufigen Merkmalen eines Spiels zu unterscheiden: »Zu sagen, etwas sei ›wesentlich‹, heißt gemeinhin so viel wie zu sagen, es sei für das Erreichen eines bestimmten Zwecks notwendig. Da es aber gerade in der Natur eines Spiels liegt, keinem Zweck zu dienen außer dem Vergnügen (das unterscheidet Spiele von produktiven Tätigkeiten), ist es ganz unmöglich zu sagen, dass auch nur eine der beliebigen Regeln eines Spiels ›notwendig‹ ist.« Da die Regeln des Golf »(wie bei allen Spielen) gänzlich beliebig sind«, macht Scalia weiter geltend, gibt es keine Basis für ein kritisches Abwägen der Regeln, die der Verband, der über das Spiel wacht, aufgestellt hat.[15]

Aber Scalias Sicht des Sports ist weit hergeholt. Sie würde jedem Anhänger des Sports merkwürdig vorkommen. Wenn die Menschen wirklich glaubten, die Regeln ihrer Lieblingssportart seien beliebig und nicht so verfasst, dass sie bestimmte Talente und Tugenden, die der Bewunderung wert sind, wecken und zelebrieren, täten sie sich schwer, dem Ergebnis eines Spiels Bedeutung beizumessen.[16] Sport würde zu einem Spektakel verblassen, eine Quelle des Vergnügens statt Gegenstand der Anerkennung. Abgesehen von Sicherheitsüberlegungen gäbe es keinen Grund, Leistung optimierende Medikamente und genetische Veränderungen zu beschränken – wenigstens keinen Grund, der sich mit der Integrität des Spiels statt mit der Menge der Zuschauer in Verbindung bringen lässt.

Der Abstieg des Sports zum Spektakel ist nicht dem Zeitalter der genetischen Zurichtung eigen. Aber er zeigt, wie Leistung optimierende Technologien, genetisch oder andersgeartet, den Teil sportlicher und künstlerischer Leistung aushöhlen können, der natürliche Talente und Begabungen zelebriert.

3.
Entworfene Kinder, entwerfende Eltern

Die Ethik der Gabe, im Sport bedroht, hält sich noch in der Elternschaft. Aber auch dort drohen Biotechnik und genetische Optimierung sie zu verdrängen. Kinder als Gabe zu schätzen, heißt sie zu akzeptieren, wie sie sind, nicht als Objekte unseres Entwerfens oder als Produkte unseres Willens oder als Instrumente unserer Ambitionen. Elterliche Liebe hängt nicht von den Talenten und Eigenschaften ab, die ein Kind haben mag. Wir wählen unsere Freunde und Ehepartner wenigstens zum Teil aufgrund von Besonderheiten, die wir anziehend finden. Aber wir wählen nicht unsere Kinder. Deren Besonderheiten sind nicht vorhersagbar, und auch die gewissenhaftesten Eltern können nicht gänzlich für die Kinder verantwortlich gemacht werden, die sie haben. Deswegen lehrt das Elternsein, mehr als andere menschliche Beziehungen, was der Theologe William F. May die »Offenheit für das Unerbetene« nennt.[1]

Formen und Betrachten

Mays eingängige Formel beschreibt eine Eigenschaft des Charakters und des Herzens, die den Anspruch auf Beherrschung und Kontrolle einschränkt und einen Sinn für das Leben als Gabe weckt. Sie hilft uns zu erkennen, dass die tiefgründigsten moralischen Einwände gegen das Optimieren weniger in der Vervollkommnung, die es anstrebt, bestehen als in der menschlichen Haltung, die es zum Ausdruck bringt und befördert. Das Problem ist nicht, dass sich die Eltern der Autonomie des Kindes, das sie entwerfen, bemächtigen. (Es ist ja nicht so, als könne das Kind ansonsten seine genetischen Merkmale selbst auswählen.) Das Problem besteht im Hochmut der entwerfenden Eltern, in ihrem Anspruch, das Geheimnis des Geborenwerdens zu beherrschen. Auch wenn eine solche Haltung Eltern nicht zu Tyrannen ihrer Kinder macht, entstellt sie das Verhältnis zwischen Kind und Eltern und beraubt die Eltern der Demut und des größeren menschlichen Einfühlungsvermögens, das eine Offenheit für das Unerbetene pflegt.

Kinder als Gaben oder Segnungen zu schätzen, heißt nicht, angesichts von Krankheit oder Unwohlsein passiv zu sein. Ein krankes oder verletztes Kind zu heilen, setzt nicht dessen natürliche Fähigkeiten außer Kraft, sondern erlaubt ihnen zu gedeihen. Obwohl medizinische Behandlungen in die Natur eingreifen, tun sie es um der Gesundheit willen und stellen daher keinen unbeschränkten Vorstoß zur Beherrschung und Dominanz dar. Auch energische Versuche, eine Krankheit zu behandeln oder zu heilen, bewirken noch keinen prometheischen Anschlag auf das Gegebene. Der Grund dafür ist, dass die Medizin bestimmt oder wenigstens beeinflusst ist durch die Regel, die natürlichen menschlichen Körperfunktionen, die die Gesundheit ausmachen, wieder herzustellen oder zu erhalten.

Die Medizin, wie der Sport, ist eine Praxis mit einem Ziel, einem Telos, das sie ausrichtet und beschränkt. Darüber, was als gute Gesundheit oder normale menschliche Körperfunktion zählt, lässt sich natürlich streiten; das ist nicht bloß eine biologische Frage. Die Menschen sind sich zum Beispiel uneins darüber, ob Taubheit eine Behinderung ist, die es zu heilen, oder eine Form der Gemeinschaft und Identität, die es zu schätzen gilt. Aber auch diese Uneinigkeit beruht auf der Annahme, dass der springende Punkt der Medizin darin besteht, Gesundheit zu fördern und Krankheit zu heilen.

Manche Menschen behaupten, die Pflicht der Eltern, ein krankes Kind zu heilen, impliziere eine Pflicht, ein gesundes Kind zu optimieren, um dessen Aussichten auf Erfolg im Leben zu maximieren. Das stimmt aber nur, wenn man die utilitaristische Idee akzeptiert, dass Gesundheit kein besonderes menschliches Gut ist, sondern nur ein Mittel zur Maximierung von Glück und Wohlbefinden. Der Bioethiker Julian Savulescu zum Beispiel argumentiert, dass »Gesundheit nicht in sich wertvoll ist«, sondern »nur instrumentell«, eine »Ressource«, die uns erlaubt zu tun, was wir wollen. Diese Auffassung bestreitet die Unterscheidung zwischen Heilen und Optimieren. Nach Savulescu haben Eltern nicht bloß eine Pflicht, die Gesundheit ihrer Kinder zu fördern; sie sind auch »moralisch verpflichtet, ihre Kinder genetisch zu verändern.« Eltern sollten Technologie dazu einsetzen, ihrer Kinder »Gedächtnis, Temperament, Geduld, Einfühlungsvermögen, Sinn für Humor, Optimismus« und andere Eigenschaften so auszurichten, dass sie »die beste Chance auf das beste Leben« haben.[2]

Aber es ist ein Fehler, Gesundheit nur in instrumentellen Kategorien zu betrachten, als einen Weg, etwas anderes zu maximieren. Gute Gesundheit, wie guter Charakter, ist ein konstitutives Element menschlichen Gedeihens. Obwohl mehr Gesundheit besser ist als weniger, wenigstens innerhalb einer gewissen Bandbreite, ist sie doch kein Gut, das sich maximieren lässt. Niemand strebt danach, ein Gesundheitsvirtuose zu werden (außer vielleicht ein Hypochonder). In den 20er Jahren des letzten Jahrhunderts veranstalteten Eugeniker auf Jahrmärkten Gesundheitswettbewerbe und vergaben Preise für die »fittesten Familien«. Diese bizarre Übung veranschaulicht jedoch, wie unverständig es ist, Gesundheit instrumentell aufzufassen oder als ein Gut, das maximiert werden muss. Anders als die Talente und Merkmale, die Erfolg in einer Wettbewerbsgesellschaft bringen, ist Gesundheit ein begrenztes Gut; Eltern können für ihre Kinder danach streben, ohne zu riskieren, in einen immer weiter eskalierenden Rüstungswettlauf hineingezogen zu werden.

Indem sie sich um die Gesundheit ihrer Kinder kümmern, machen sich Eltern nicht zu Designern und verwandeln auch nicht ihre Kinder in Produkte ihres Willens oder Werkzeuge ihrer Ambitionen. Das selbe läßt sich nicht sagen von Eltern, die große Summen dafür bezahlen, (aus nicht-medizinischen Gründen) das Geschlecht ihres Kindes auszuwählen, oder die danach trachten, die intellektuelle Mitgift oder die sportliche Leistungsfähigkeit ihres Kindes biotechnisch zu arrangieren. Wie alle Unterscheidungen verschwimmt auch die zwischen Therapie und Optimierung an den Rändern. (Was ist zum Beispiel mit der Kieferorthopädie oder mit Wachstumshormonen für sehr kleinwüchsige Kinder?) Aber das verdunkelt nicht den Grund, warum die Unterscheidung von Bedeutung ist: Eltern, die auf Teufel komm raus ihre Kinder optimieren wollen, werden mit höherer Wahrscheinlichkeit überziehen und Einstellungen zum Ausdruck bringen und vemitteln, die mit der Norm voraussetzungsloser Liebe im Widerspruch stehen.

Voraussetzungslose Liebe verlangt natürlich nicht, dass Eltern davon Abstand nehmen, die Entwicklung ihrer Kinder zu formen und zu lenken. Im Gegenteil, Eltern sind verpflichtet, ihre Kinder zu fördern, ihnen zu helfen, ihre Talente und Begabungen zu entdecken und zu entwickeln. Wie May es ausdrückt: Elterliche Liebe hat zwei Aspekte, einen annehmenden und einen verwandelnden. Annehmende Liebe bestätigt das Kind, wie es ist, während verwandelnde Liebe das Wohlergehen des Kindes erstrebt. Jede Seite der elterlichen Liebe korrigiert die Auswüchse der anderen: »Unterstützung wird zu quietistisch, wenn sie dazu erschlafft, das Kind bloß so hinzunehmen, wie es ist.« Eltern haben eine Pflicht, die Qualitäten ihres Kindes zu fördern.[3]

Heutzutage sind überambitionierte Eltern jedoch anfällig dafür, es mit der verwandelnden Liebe zu übertreiben – indem sie alle möglichen Erfolge ihrer Kinder befördern und verlangen und nach Vollkommenheit streben. »Eltern fällt es schwer, ein Gleichgewicht zwischen den beiden Seiten der Liebe zu halten«, lautet Mays Beobachtung. »Annehmende Liebe ohne verwandelnde Liebe verfällt in Nachgiebigkeit und schließlich Vernachlässigung. Verwandelnde Liebe ohne annehmende Liebe bedrängt und verstößt am Ende.« May entdeckt in diesen widerstreitenden Affekten eine Parallele zur modernen Wissenschaft. Auch sie hält uns an, die gegebene Welt zu betrachten, zu studieren und zu verkosten, sie aber auch zu formen, zu verwandeln und zu vervollkommnen.[4]

Der Auftrag, unsere Kinder zu formen, zu fördern und zu verbessern, macht den Einwand gegen das Optimieren schwieriger. Wir bewundern Eltern, die das Beste für ihre Kinder erstreben, die keine Mühen scheuen, ihnen zu helfen, Glück und Erfolg zu erreichen. Was aber unterscheidet denn, solche Hilfe durch Erziehung und Ausbildung zu leisten, davon, sie durch Methoden der genetischen Optimierung zu erbringen? Manche Eltern verschaffen ihren Kindern Vorteile, indem sie sie bei teuren Schulen anmelden, private Nachhilfelehrer engagieren, sie ins Tennislager schicken, ihnen Klavierunterricht, Ballettunterricht, Schwimmunterricht oder Vorbereitungskurse für den Schulabschluss angedeihen lassen und so fort. Wenn es erlaubt, ja bewundernswert ist, dass Eltern ihren Kindern auf diese Weise helfen, warum ist es nicht ebenso bewundernswert, wenn Eltern welche genetischen Technologien auch immer einsetzen (solange sie sicher sind), um die Intelligenz, Musikalität oder sportliche Leistungsfähigkeit ihres Kindes zu optimieren?

Befürworter des Optimierens argumentieren, dass es prinzipiell keinen Unterschied macht, ob man Kinder durch Erziehung oder durch Biotechnik verbessert. Kritiker des Optimierens bestehen darauf, dass dazwischen sehr wohl Welten liegen. Sie bringen vor, dass der Versuch, Kinder durch die Manipulation ihrer genetischen

Ausstattung zu verbessern, an die Eugenik erinnert, eine diskreditierte Bewegung des letzten Jahrhunderts zur Verbesserung der menschlichen Rasse durch Maßnahmen (einschließlich Zwangssterilisierung und andere üble Methoden) zur Verbesserung der genetischen Erbmasse. Diese widerstreitenden Vergleiche helfen uns, den moralischen Status des genetischen Optimierens zu klären. Ist der Versuch von Eltern, ihre Kinder durch genetische Zurichtung zu optimieren, eher wie Erziehung und Ausbildung (eine mutmaßlich gute Sache) oder eher wie Eugenik (eine mutmaßliche schlechte Sache)?

Die Befürworter des Optimierens haben in dieser Hinsicht recht: Kinder durch genetische Zurichtung zu verbessern ähnelt dem Geiste nach den durchgeplanten Hochdruck-Methoden der Kindererziehung, die heutzutage üblich geworden sind. Aber diese Ähnlichkeit rechtfertigt das genetische Optimieren nicht. Im Gegenteil, sie unterstreicht ein Problem des Trends zu überzogenem elterlichen Eifer.[5] Die offensichtlichsten Beispiele bieten sportverrückte Eltern, die auf Teufel komm raus aus ihren Kindern Champions machen wollen. Manchmal sind sie erfolgreich, wie etwa Richard Williams, der Berichten zufolge die Tenniskarrieren seiner Töchter Venus und Serena bereits plante, bevor sie geboren waren, oder Earl Woods, der dem jungen Tiger einen Golfschläger in die Hand drückte, als er noch im Laufstall war. »Machen wir uns nichts vor: Kein Kind geht so an einen Sport heran«, sagte Richard Williams der *New York Times*. »Die Eltern tun es, und insofern bin ich schuldig. Wenn Sie nicht planen, glauben Sie mir, gelingt es nicht.«[6]

Eine ähnliche Haltung kann man auch außerhalb der Gruppe der Elitesportler antreffen, unter den überreizten Eltern an den Außenlinien von Fußballfeldern und Kinder-Baseball-Ligen landauf landab. Die Epidemie elterlicher Aufdringlichkeit und elterlichen Ehrgeizes ist so brisant, dass Jugendsportverbände versuchen, sie dadurch unter Kontrolle zu bringen, dass sie Eltern-freie Zonen, Schweigewochenenden (kein Schreien oder Anfeuern) und Auszeichnungen für elterliche Fairness und Zurückhaltung eingerichtet haben.[7]

Boshaftigkeiten von den Seitenlinien ist nicht der einzige Preis, den der überzogene elterliche Eifer den jungen Athleten abverlangt. Mit dem Verschwinden von Kreisspielen und Turnen auf dem Spielplatz zugunsten sportlicher Wettbewerbe, die von ehrgeizigen Eltern organisiert werden, berichten Kinderärzte von einem alarmierenden Anstieg an Ermüdungsverletzungen bei Teenagern. Heutzutage unterziehen sich 16jährige Baseball-Werfer einer Ellbogen-Rekonstruktion, einer Operation, die einstmals nur an Werfern aus der ersten Liga vorgenommen wurde, wenn die ihre Karriere verlängern wollten. Dr. Lyle Micheli, Direktor der Sportmedizin am Kinderkrankenhaus in Boston, berichtet, dass 70 Prozent der jungen Patienten, die er behandelt, unter Ermüdungsverletzungen leiden – im Vergleich zu zehn Prozent vor 25 Jahren. Sportärzte erklären die Epidemie an Ermüdungsverletzungen mit der wachsenden Tendenz, Kinder schon im frühen Alter auf eine einzige Sportart zu spezialisieren und dafür das ganze Jahr trainieren zu lassen. »Die Eltern meinen, sie würden die Chancen ihres Kindes maximieren, indem sie sich auf einen Sport konzentrieren«, erläutert Dr. Micheli. »Die Ergebnisse sind oft nicht das, was sie erwartet haben.«[8]

Die für den Jugendsport Verantwortlichen und die Ärzte sind nicht die einzigen, die bemüht sind, anmaßende Eltern zu zügeln. Vertreter der Hochschulen beklagen ebenso zunehmende Probleme mit Eltern, die fanatisch das Leben ihrer Kinder kontrollieren – deren Hochschulbewerbungen schreiben, am Telefon die Zulassungsstelle bedrängen, beim Abfassen von Seminararbeiten helfen, in Studentenwohnheimen übernachten. Manche Eltern rufen sogar Hochschulangestellte an und bitten darum, dass ihr Kind morgens geweckt wird.[9] »Die Eltern der Studierenden sind außer Kontrolle«, sagt Marilee Jones, Dekanin für die Zulassung am MIT, die es sich zur Aufgabe gemacht hat, besorgte Eltern dazu zu bringen sich zurückzuhalten.[10] Judith R. Shapiro, Präsidentin des Barnard College, stimmt zu. In einem Namensbeitrag mit der Überschrift »Eltern vom Campus fernhalten« (*»Keeping parents off campus«*) schreibt sie: »Ihre Ansprüche als Konsumenten, im Zusammenspiel mit ihrer Unfähigkeit loszulassen bringt manche Eltern dazu, alle Aspekte des Hochschullebens ihrer Kinder organisieren zu wollen – vom Antrag auf Zulassung bis zur Wahl des Hauptfachs. Solche Eltern, wenn auch die Ausnahme, sind nichtsdestoweniger ein zunehmender Faktor im Leben des Lehrpersonals, der Dekane und Präsidenten.«[11]

Der irrsinnige Eifer von Eltern, die die akademische Karriere ihrer Kinder formen und organisieren wollen, hat sich in den letzten zehn Jahren verstärkt, da die geburtenstarken Jahrgänge, die es gewohnt sind zu kontrollieren, sich daran machen, ihre Kinder auf die Hochschule zu schicken. Eine Generation zuvor machten sich wenige Studierende die Mühe, sich auf die Aufnahmeprüfung vorzubereiten. Heute zahlen Eltern große Summen für kommerzielle Vorbereitungskurse, Tutoren, Bücher und Software für ihre Kinder, die auf die Hochschule sollen, und machen aus der Prüfungsvorbereitung einen Wirtschaftszweig mit Umsätzen von zweieinhalb Milliarden Dollar.[12] Zwischen 1992 und 2001 sind bei Kaplan, einer der führenden Vorbereitungsfirmen, die Umsätze um 225 Prozent gestiegen.[13]

Vorbereitungskurse für die Aufnahmeprüfung sind nicht der einzige Weg, auf dem die besorgten Reichen versuchen, ihren Nachwuchs, der auf die Hochschule soll, herauszuputzen und zurechtzumachen. Erziehungspsychologen berichten, dass eine wachsende Zahl von Eltern versucht, bei ihren Kindern in der Mittel- oder Oberstufe eine Lernschwäche diagnostizieren zu lassen, nur um zusätzliche Zeit für die Aufnahmeprüfung zu bekommen. Dieses »Diagnose-Shopping« wurde offenbar angespornt durch die Ankündigung des Prüfungsrates im Jahr 2002, die Ergebnisse der Prüflinge, die wegen einer Lernschwäche zusätzliche Zeit erhalten hatten, nicht länger durch ein Sternchen zu kennzeichnen. Eltern rücken bis zu .400 Dollar für eine Bewertung und 250 Dollar pro Stunde für einen Psychologen heraus, der bei der Schule oder dem *Educational Testing Service*, der die Aufnahmeprüfung durchführt, für den Prüfling gutachtet. Kommt ein Psychologe nicht zu der gewünschten Diagnose, bieten sie das Geschäft einem anderen an.[14]

Überzogener elterlicher Eifer ist anstrengend und zeitraubend, so dass manche Eltern private Berater und Fachleute damit beauftragen. Zu Stundensätzen von bis zu 500 Dollar, führen private Hochschulzugangsberater Studierende durch die Anforderungen des Antragsverfahrens – entscheiden, wo man sich bewirbt, redigieren Bewerbungsaufsätze, stellen Bewerbungsunterlagen zusammen, üben für Bewerbungsgespräche. Die wachsende Angst der Eltern hat die private Beratung zu einem Wachstumszweig gemacht. Nach Angaben der Vereinigung unabhängiger Bildungsberater (*Independent Educational Consultants Association*), die den Erwerbszweig vertritt, haben sich heutzutage mehr als zehn Prozent der Neuzugänge einer Hochschule bezahlter Berater bedient, gegenüber einem Prozent im Jahr 1990.[15]

Die exklusivste Firma in diesem Geschäft, *IvyWise* in Manhattan, bietet ein »Platin-Paket« an Unterstützung für die Hochschulzulassung über zwei Jahre zum Preis von 32 995 Dollar an.[16] Für diese stolze Summe beginnt Katherine Cohen, die Gründerin des Unternehmens, früh mit ihren Klienten und erklärt ihnen, welchen außerschulischen Aktivitäten, freiwilligen Diensten und Sommerkursen sie sich während der Schulzeit widmen sollten, um ihren Lebenslauf aufzupolieren und ihre Zulassungschancen zu erhöhen. Sie vermarktet nicht nur Kinder an die Hochschulen, sondern hilft auch bei der Produktentwicklung – eine übereifrige Mutter zum Mieten. »Ich lenke nicht Bewerbungen«, sagt Cohen, »ich lenke Leben.«[17]

Für manche Eltern beginnt das Gerangel um die richtige Platzierung und Positionierung ihrer Kinder für die Zulassung zu einer Elite-Hochschule bereits in der frühen Kindheit. Cohens Partner bietet einen Service mit dem Namen *IvyWise Kids*, der Eltern bedient, die für ihre Kinder unbedingt einen Platz auf einer der begehrtesten privaten Grundschulen in New York City (so genannten *Baby Ivies*) ergattern wollen, und in einem der stark gefragten Kindergärten, die zu diesen Schulen hinführen.[18] Auf den verrückten Wettbewerb um die Aufnahme in die Vorschule hat vor einigen Jahren die Geschichte des Wall-Street-Börsenmaklers, Jack Grubman, ein Schlaglicht geworfen. Er behauptete in einer E-Mail, er habe die Aktien von AT&T hochgestuft, um die Gunst seines Chefs zu gewinnen, der behilflich war, die zweijährigen Zwillingstöchter von Grubman auf die prestigeträchtige Y-Vorschule in der 92. Straße zu bekommen.[19]

Leistungsdruck

Grubmans Bereitschaft, Himmel und Hölle in Bewegung zu setzen, sogar den Aktienmarkt, um seine Zweijährigen auf eine noble Vorschule zu bekommen, ist ein Zeichen der Zeit. Es signalisiert einen wachsenden Druck in Amerika, der die Erwartungen von Eltern an ihre Kinder verändert und die Anforderungen an die Kinder, Leistung zu bringen, erhöht. Wenn Kinder im Vorschulalter sich bei privaten Kindergärten und Grundschulen bewerben, hängt ihr Schicksal von wohlwollenden Empfehlungsschreiben und einem standardisierten Test zur Messung ihrer Intelligenz und ihres Entwicklungsstands ab. Manche Eltern lassen ihre Kinder auf diesen Test vorbereiten. Viele geben sogar 34,95 Dollar für ein neues, viel verkauftes Spielzeug mit Namen *Time Tracker* aus, ein buntes Gerät mit Lichtern und Digitalanzeige, das kleinen Kindern beibringen soll, wie sie bei einem standardisierten Test die Zeit einhalten. Empfohlen für Kinder im Alter ab vier Jahren, bietet der *Time Tracker* eine hilfbereite elektronische Männerstimme, die verkündet: »Anfangen« und »Zeit abgelaufen.«[20]

Aufnahmeprüfungen für Kleinkinder gibt es nicht nur bei Privatschulen. Die Bush-Regierung hat angeordnet, dass alle Vierjährigen, die am *Head Start*-Programm teilnehmen, sich standardisierten Tests unterziehen müssen. Vermehrte staatliche Prüfungen in Grundschulen haben dazu geführt, dass Schulbezirke landauf landab die Curricula in den Kindergärten gestrafft haben, wo Lesen, Rechnen und Naturwissenschaften künstlerische Beschäftigungen, Ruhe- und Schlafpausen verdrängen. Schon in den beiden ersten Schuljahren müssen sich die Kinder mit Hausaufgaben und schweren Schulranzen abmühen. Zwischen 1981 und 1997 hat sich die Hausaufgabenbelastung der sechs- bis achtjährigen Kinder verdreifacht.[21]

Wie der Leistungsdruck zunimmt, so auch der Bedarf, Kindern, die leicht abgelenkt sind, zu helfen, sich auf ihre Aufgabe zu konzentrieren. Manche erklären den drastischen Anstieg an Diagnosen des Aufmerksamkeitsdefizit- und Hyperaktivitätssyndroms (ADHS) mit den neuen Anforderungen an die Kinder, Leistung zu bringen. Dr. Lawrence Diller, ein Kinderarzt und Autor von *Running on Ritalin*, schätzt, dass fünf bis sechs Prozent der amerikanischen Kinder unter 18 Jahren (insgesamt vier bis fünf Millionen Kinder) derzeit Ritalin und andere Stimulanzien, erste Wahl für die Behandlung von ADHS, verschrieben bekommen. (Stimulanzien wirken der Hyperaktivität entgegen, indem sie es den Kindern erleichtern, sich zu konzentrieren und ihre Aufmerksamkeit aufrecht zu erhalten, statt von einer Sache zur nächsten zu springen.) In den letzten 15 Jahren ist die legale Produktion von Ritalin um 1700 Prozent angestiegen, die Produktion des Amphetamins Adderall, das ebenfalls für die Behandlung von ADHS vermarktet wird, stieg um 3000 Prozent. Für die Pharmaunternehmen ist der amerikanische Markt für Ritalin und verwandte Medikamente eine Goldgrube: eine Milliarde Dollar pro Jahr.[22]

Wenn auch die Ritalin-Verschreibungen für Kinder und Heranwachsende in den letzten Jahren in die Höhe geschossen sind, leiden nicht alle Nutzer unter Aufmerksamkeitsstörungen oder Hyperaktivität. Schüler und Studierende haben erkannt, dass verschreibungspflichtige Stimulanzien bei denjenigen, die eine normale Aufmerksamkeitsspanne haben, die Konzentration verbessern; einige kaufen oder borgen das Ritalin ihrer Klassenkameraden, um ihre Leistungsfähigkeit bei (Aufnahme-)Prüfungen zu erhöhen. Zu den besonders Besorgnis erregenden Erkenntnissen zum Gebrauch von Ritalin gehört, dass Ärzte immer mehr davon für Vorschulkinder verschreiben. Obwohl das Medikament für Kinder unter sechs Jahren nicht zugelassen ist, haben sich die Verschreibungsraten für zwei- bis vierjährige Kinder zwischen 1991 und 1995 fast verdreifacht.[23]

Weil Ritalin im medizinischen und nicht-medizinischen Einsatz wirkt – um ADHS zu beheben und um die Leistung gesunder Kinder, die einen Wettbewerbsvorteil suchen, zu optimieren – wirft es die selben moralischen Dilemmata auf wie andere Optimierungstechnologien. Wie auch immer man diese Dilemmata löst: Die Debatte über Ritalin offenbart die kulturelle Wegstrecke, die wir seit der Debatte über Drogen (wie Haschisch oder LSD), die eine Generation her ist, zurückgelegt haben. Anders als die Drogen der 60er und 70er Jahre dienen Ritalin und Adderall nicht zum Aussteigen, sondern zum Reinklemmen, nicht um die Welt zu betrachten und aufzunehmen, sondern um sie zu formen und passend zu machen. Wir haben den nicht-medizinischen Gebrauch von Drogen einmal der »Erholung« zugeordnet. Das trifft nicht mehr zu. Die Steroide und Stimulanzien, um die es in der Debatte über das Optimieren geht, sind keine Quelle der Erholung, sondern ein Versuch der Anpassung, ein Weg, auf die Forderung einer Wettbewerbsgesellschaft, unsere Leistung zu verbessern und unsere Natur zu vervollkommnen, einzugehen. Diese Forderung nach Leistung und Perfektion stärkt den Drang, gegen das Gegebene aufzubegehren. Sie ist die tiefste Quelle der moralischen Beunruhigung über das Optimieren.

Manche erkennen eine deutliche Grenze zwischen genetischer Optimierung und anderen Methoden, durch die Menschen sich und ihre Kinder verbessern wollen. Genetische Manipulation scheint irgendwie schlechter – aufdringlicher und unheimlicher – zu sein als andere Methoden, Leistung zu optimieren und Erfolg zu suchen.

Aber moralisch gesprochen ist der Unterschied weniger bedeutend als er erscheint.

Diejenigen, die der Auffassung sind, Biotechnik sei im Geiste den anderen Methoden, mit denen ehrgeizige Eltern ihre Kinder prägen und formen, verwandt, haben nicht ganz Unrecht. Aber diese Verwandtschaft gibt uns keinen Grund, die genetische Manipulation von Kindern zu bejahen. Vielmehr ergibt sich daraus ein Grund, die niedrig-technisierten Hochdruckmethoden der Kindererziehung, die wir gemeinhin akzeptieren, in Frage zu stellen. Der elterliche Übereifer, der heutzutage überall anzutreffen ist, verkörpert einen ängstlichen Auswuchs der Beherrschung und Dominanz, der kein Verständnis für das Lebens als Gabe hat. Das rückt ihn in eine beunruhigende Nähe zur Eugenik.

4.
Die alte und die neue Eugenik

Die Eugenik war eine Bewegung mit großen Ambitionen – angetreten, die genetische Ausstattung der menschlichen Rasse zu verbessern. Der Name, der »wohlgeboren« bedeutet, war 1883 von Sir Francis Galton geprägt worden, der ein Cousin von Charles Darwin war und bei der Untersuchung der Vererbung statistische Methoden einsetzte.[1] Überzeugt davon, dass Vererbung Talent und Charakter bestimmen, hielt er es für möglich, »durch wohl überlegte Heiraten über mehrere Generationen eine hoch begabte Rasse von Menschen zu erzeugen.«[2] Er rief dazu auf, Eugenik »ins nationale Gewissen einzupassen wie eine neue Religion« und die Begabten zu ermuntern, ihre Partner nach eugenischen Maßstäben auszuwählen. »Was die Natur blind, langsam und schonungslos erledigt, mag der Mensch vorausschauend, rasch und gütig tun. [...] Die Verbesserung unserer Bestandes scheint mir eines der höchsten Ziele, dem wir uns sinnvollerweise widmen können.«[3]

Die alte Eugenik

Galtons Idee verbreitete sich nach Amerika, wo sie in den frühen Jahrzehnten des 20. Jahrhunderts eine Volksbewegung entfachte. Im Jahr 1910 eröffnete der Biologe und Verfechter der Eugenik, Charles B. Davenport, in Cold Spring Harbor auf Long Island das Büro für eugenische Erfassung (*Eugenic Records Office*). Dessen Aufgabe war es,

Feldforscher in Gefängnisse, Kranken- und Armenhäuser und in Nervenheilanstalten im ganzen Land zu schicken, um Daten zur genetischen Abstammung der sogenannten »Defektiven« zu erheben und zu sammeln. Nach Davenports Aussage sollte das Projekt »die großen Stränge des menschlichen Protoplasmas, die im Land kursieren«, katalogisieren.[4] Davenport hoffte, solche Daten würden die Grundlage schaffen für eugenische Bemühungen, die Fortpflanzung genetisch Geschädigter zu verhindern.

Die Kampagne, die Nation von geschädigtem Protoplasma zu reinigen, war keine Randerscheinung von Rassisten und Verrückten. Davenports Arbeit wurde von der *Carnegie Institution* bezahlt; E. H. Harriman, Witwe und Erbin des *Union-Pacific*-Eisenbahmagnaten, sowie John D. Rockefeller jr., führende fortschrittliche Reformatoren ihrer Zeit, traten für die Sache der Eugenik ein. Theodore Roosevelt schrieb an Davenport: »Eines Tages werden wir einsehen, dass es die erste Pflicht, die unentrinnbare Pflicht, des redlichen Bürgers von rechter Art ist, sein oder ihr Blut in der Welt zurückzulassen; und dass es nicht unsere Sache ist, die Fortpflanzung von Bürgern der falschen Sorte zu gestatten.«[5] Margaret Sanger, Pionierin des Feminismus und Befürworterin der Empfängnisverhütung, machte sich ebenfalls die Eugenik zu eigen: »Mehr Kinder von Gesunden, weniger von Geschädigten – das ist das Hauptthema der Empfängnisverhütung.«[6]

Das Eugenik-Programm war zu einem Teil appellativ und erzieherisch angelegt. Die Amerikanische Eugenik-Gesellschaft (*American Eugenics Society*) unterstützte neben den Viehzucht-Wettbewerben »*Fitter-Families*«-

Konkurrenzen auf Jahrmärkten im ganzen Land. Die Teilnehmer reichten ihre Abstammungsnachweise ein und unterzogen sich medizinischen und psychologischen Untersuchungen und einem Intelligenztest, und die gesündesten Familien erhielten Trophäen. Ab den 20er Jahren gab es an 350 Hochschulen und Universitäten des Landes Eugenikkurse, in denen privilegierte junge Amerikaner an ihre reproduktiven Pflichten erinnert wurden.[7]

Aber die Eugenik-Bewegung hatte auch eine rauere Seite. Befürworter der Eugenik traten dafür ein, die Fortpflanzung von Menschen mit unerwünschten Genen gesetzlich zu verhindern, und im Jahr 1907 verabschiedete Indiana das erste Gesetz zur Zwangssterilisierung von Psychiatriepatienten, Gefangenen und Bettlern. Insgesamt 29 Bundesstaaten erließen Gesetze zur Zwangssterilisierung, und mehr als 60 000 »defizitäre« Amerikaner wurden sterilisiert.

Im berüchtigten Fall *Buck gegen Bell* bestätigte das Oberste Gericht im Jahr 1927 die Verfassungsgemäßheit der Sterilisierungsgesetze. In dem Fall ging es um Carrie Buck, eine 17jährige, unverheiratete Mutter, die in Virginia in ein Heim für geistig Behinderte eingewiesen und für die eine Sterilisierung angeordnet worden war. Richter Oliver Wendell Holmes verfasste das Urteil der Mehrheit von acht zu eins Richtern, das die Sterilisierungsgesetze bestätigte: »Wir haben mehr als einmal gesehen, dass das öffentliche Wohl den besten Bürgern ihr Leben abverlangt. Es wäre seltsam, wenn es denen, die ohnehin dem Staat die Stärke nehmen, nicht diese geringeren Opfer abverlangen könnte. […] Das Prinzip, das Zwangsimpfungen erlaubt, ist breit genug, dass darunter auch das Abbinden der Eileiter fällt. Es ist besser für die ganze Welt, wenn die Gesellschaft diejenigen, die dafür offensichtlich untauglich sind, davon abhalten kann, ihre Art zu erhalten, statt darauf zu warten, degenerierten Nachwuchs wegen Verbrechen zu exekutieren oder aufgrund seiner Geistesschwäche hungern zu lassen.« Mit dem Hinweis auf die Tatsache, dass Carrie Bucks Mutter und angeblich auch ihre Tochter als geistig behindert eingestuft worden seien, schloss Holmes: »Drei Generationen von Geistesschwachen sind genug.«[8]

In Deutschland fand die amerikanische Eugenik-Gesetzgebung einen Bewunderer in Adolf Hitler. In *Mein Kampf* brachte er den Glauben an die Eugenik zum Ausdruck: »Die Forderung, daß defekten Menschen die Zeugung anderer ebenso defekter Nachkommen unmöglich gemacht wird, ist eine Forderung klarster Vernunft und bedeutet in ihrer planmäßigen Druchführung die humanste Tat der Menschheit. Sie wird Millionen von Unglücklichen unverdiente Leiden ersparen, in der Folge aber zu einer steigenden Gesundung überhaupt führen.«[9] Als er 1933 die Macht ergriff, erließ Hitler ein weitreichendes eugenisches Sterilisierungsgesetz, das den Beifall amerikanischer Eugeniker hervorrief. Die *Eugenical News*, eine Veröffentlichung von Cold Spring Harbor, druckte das Gesetz in wörtlicher Übersetzung ab und wies stolz auf die Ähnlichkeiten mit den Modellgesetzen zur Sterilisierung der amerikanischen Eugenikbewegung hin. In Kalifornien, wo eugenische Ansichten besonders verbreitet waren, veröffentlichte die *Los Angeles Times* 1935 eine enthusiastische Darstellung der Nazi-Eugenik. »Warum Hitler sagt: ›Sterilisiert die Untauglichen!‹ lautete die begeisterte Schlagzeile. »Hier gibt es vielleicht einen Aspekt des neuen Deutschland, das Amerika, mit dem Rest der Welt, sich kaum leisten kann zu kritisieren.«[10]

Am Ende trieb Hitler die Eugenik über Sterilisierungen hinaus bis zum Massenmord und Genozid. Nachrichten über die Greueltaten der Nazis trugen am Ende des Zweiten Weltkrieges zum Rückzug der amerikanischen Eugenikbewegung bei. Unfreiwillige Sterilisierungen gingen in den 40er und 50er Jahren zurück, doch in einigen Bundesstaaten wurden sie noch bis in die 70er Jahre durchgeführt. Nachdem journalistische Recherchen die öffentliche Aufmerksamkeit auf vergangene eugenische Greuel gelenkt hatten, entschuldigten sich 2002 und 2003 die Gouverneure von Virginia, Oregon, Kalifornien, North Carolina und South Carolina offiziell bei den Opfern von Zwangssterilisierungen.[11]

Der Schatten der Eugenik hängt über den heutigen Debatten zur genetischen Zurichtung und Optimierung. Kritiker der genetischen Zurichtung sagen, das Klonen von Menschen, das Optimieren und das Verlangen nach Designer-Kindern seien nichts Weiteres als »privatisierte« oder dem »freien Markt« überlassene Eugenik. Verfechter der Optimierung antworten, dass frei getroffene genetische Entscheidungen nicht wirklich eugenisch seien, jedenfalls nicht in dem abwertenden Sinn, den das Wort vermittelt. Den Zwang zu beseitigen, so meinen sie, heißt genau das zu beseitigen, was eugenische Maßnahmen abstoßend macht.

Die Lehren der Eugenik zu ziehen ist ein anderer Weg, mit der Ethik des Optimierens zu ringen. Die Nazis haben der Eugenik einen schlechten Ruf verpasst. Aber was genau war denn falsch daran? Muss man die Eugenik nur insoweit ablehnen, wie sie mit Zwang verbunden ist? Oder ist auch etwas falsch daran, ohne Zwang die genetische Ausstattung der nächsten Generation bestimmen zu wollen?

Die Eugenik des freien Marktes

Betrachten wir eine eugenische Maßnahme aus der jüngeren Geschichte, die ohne Zwang auskommt. In den 80er Jahren machte sich der Premierminister von Singapur, Lee Kwan Yew, Sorgen darüber, dass gebildete Frauen in Singapur weniger Kinder bekamen als geringer gebildete. »Wenn wir weiterhin so einseitig Nachwuchs produzieren«, sagte er, »werden wir unseren jetzigen Standard nicht halten können.« Nachfolgende Generationen, so fürchtete er, würden »ohne einen Vorrat an Begabten« dastehen.[12] Um dem Niedergang entgegen zu wirken, beschloss die Regierung Maßnahmen, um Hochschulabsolventen zu ermutigen, zu heiraten und Kinder zu bekommen: einen staatlichen, computergestützten Eheanbahnungsdienst, finanzielle Anreize für gut ausgebildete Frauen, Kinder zu bekommen, Beziehungsunterricht für Studienanfänger und kostenlose Kreuzfahrten auf einem »Liebesschiff« für alleinstehende Studierende. Gleichzeitig bot man Frauen mit geringem Einkommen und ohne höheren Schulabschluss 4000 Dollar als Anzahlung für eine preiswerte Eigentumswohnung – vorausgesetzt sie waren bereit, sich sterilisieren zu lassen.[13]

Singapurs Politik gab der Eugenik eine Wendung hin zum freien Markt; statt ungeliebte Bürger dazu zu zwingen, sich sterilisieren zu lassen, bezahlte man sie dafür. Aber diejenigen, die traditionelle eugenische Maßnahmen abstoßend finden, wird wahrscheinlich auch die freiwillige Variante Singapurs beunruhigen. Manche mögen anführen, dass die 4000 Dollar Anreiz einer Zwangsmaßnahme gleichkomme, insbesondere für arme Frauen mit beschränkten Zukunftsaussichten. Andere mögen einwenden, dass schon die Kreuzfahrten für Privilegierte auf einem Liebesschiff Teil eines kollektivistischen Programms sind, dass sich in reproduktive Entscheidungen einmischt, die die Leute für sich allein vornehmen können sollten, ohne den Eingriff oder die Aufsicht des Staates. (Berichten zufolge waren die Maßnahmen bei Frauen unbeliebt; die waren verärgert darüber, dass sie aufgefordert wurden, für Singapur »zu brüten«.)[14] Aber Einwände gegen die Eugenik ergeben sich auch aus anderen Gründen; auch wo keine Zwangsmaßnahmen beteiligt sind, stimmt etwas nicht mit dem Anspruch, sei er individuell oder kollektiv, durch absichtliches Design die genetischen Eigenschaften unseres Nachwuchses zu bestimmen. Heutzutage findet sich dieser Anspruch eher in Fortpflanzungspraktiken, die es Eltern ermöglichen, zu wählen und zu bestimmen, was für Kinder sie bekommen, als in staatlich geförderten Eugenikprogrammen.

James Watson, der Biologe, der zusammen mit Francis Crick die Doppelhelix-Struktur der DNS entdeckt hat, sieht in der genetischen Zurichtung und dem Optimieren nichts Falsches, vorausgesetzt sie entstammen freier Entscheidung und nicht staatlichem Zwang. Dennoch existiert für Watson die Rede von der Freiwilligkeit neben dem alten eugenischen Verständnis. »Wenn man wirklich dumm ist, würde ich das eine Krankheit nennen«, erläuterte Watson vor nicht langer Zeit der Londoner *Times*. »Die unteren zehn Prozent, die echte Schwierigkeiten haben, selbst auf der Grundschule – worauf ist das zurückzuführen? Viele Leute würden gerne sagen: ›Nun, Armut, solche Dinge.‹ Wahrscheinlich ist es das nicht. Deshab wäre ich das gerne los, um den unteren zehn Prozent zu helfen.«

Einige Jahre zuvor hatte Watson eine Kontroverse ausgelöst, als er erklärte, wenn ein Gen für Homosexualität gefunden sei, sollte eine schwangere Frau, die kein homosexuelles Kind haben wolle, frei entscheiden können, einen Fötus, der das Gen trägt, abzutreiben. Als diese Bemerkung einen Aufschrei erzeugte, antwortete er, dass er nicht habe Schwule herausgreifen, sondern einen grundsätzlichen Punkt machen wollen: Frauen sollten frei entscheiden können, einen Fötus aufgrund beliebiger genetischer Präferenzen abzutreiben – ob Tests nun zeigten, dass das Kind als Legastheniker geboren würde oder ohne musikalische Begabung oder zu klein, um Basketball zu spielen.[15]

Watsons Szenarien stellen für die vom Gedanken des Lebensschutzes herkommenden Gegner der Abtreibung, für die jeder Schwangerschaftsabbruch ein unaussprechliches Verbrechen ist, keine besondere Schwierigkeit dar. Aber für diejenigen, die eine solche Auffassung vom Recht auf Leben nicht teilen, werfen Watsons Szenarien schwierige Fragen auf: Wenn es moralisch beunruhigend ist, eine Abtreibung in Erwägung zu ziehen, um ein schwules Kind zu verhindern oder eines mit Lese-Rechtschreib-Schwäche, legt das nicht nahe, dass es überhaupt falsch ist, nach eugenischen Präferenzen zu handeln, auch wenn kein Zwang dabei ist?

Oder betrachten wir den Markt für Ei- und Samenzellen. Künstliche Befruchtung gestattet es zukünftigen Eltern, sich nach Gameten mit den genetischen Merkmalen, die sie für ihren Nachwuchs wünschen, umzusehen. Es ist eine weniger vorhersehbare Methode, Kinder zu entwerfen als das Klonen oder die Präimplantationsdiagnostik. Aber es ist ein gutes Beispiel für ein Handeln, in dem die alte Eugenik mit dem neuen Konsumverhalten zusammentrifft. Erinnern wir uns an die Anzeige, die in einigen Hochschulzeitungen der *Ivy League* erschien und 50 000 Dollar bot für eine Eizelle einer jungen Frau, die wenigstens 178 Zentimeter groß und sportlich sein, und keine familiären Gesundheitsprobleme dafür aber ein Ergebnis von mehr als 1400 Punkten im Eignungstest für das Studium haben sollte. Vor kurzem startete eine Inter netseite, die angeblich Eizellen von Modemodellen, die dort abgebildet waren, versteigerte – Gebote begannen zwischen 15 000 und 150 000 Dollar.[16]

Welche Gründe, falls es sie gibt, stützen die moralischen Einwände gegen den Eizellen-Markt? Da niemand gezwungen ist zu kaufen oder zu verkaufen, können die Gründe nicht im Zwang bestehen. Manche mögen sich sorgen, dass hohe Preise arme Frauen ausbeuten, nämlich indem man ihnen ein Angebot macht, das abzulehnen sie sich nicht erlauben können. Aber die Designer-Eizellen, die die höchsten Preise erzielen, werden wahrscheinlich von den Privilegierten nachgefragt, nicht von den Armen. Wenn uns der Markt für Premium-Eizellen moralisches Unbehagen bereitet, beweist das, dass die Zweifel an der Eugenik nicht durch Wahlfreiheit ausgeräumt werden können.

Die Geschichte zweier Samenbanken hilft uns zu erklären warum. Das *Repository for Germinal Choice*, eine von Amerikas ersten Samenbanken, war kein kommerzielles Unternehmen. Es wurde 1980 von Robert Graham gegründet, einem eugenisch gesinnten Philanthropen der sich der Verbesserung des »Keimzellplasmas« in der Welt und dem Kampf gegen den Aufstieg »zurückgebliebener Menschen« verschrieben hatte.[17] Sein Plan war, Samenzellen von Nobelpreisträgern zu sammeln und Frauen, die einen Spender suchten, zur Verfügung zu stellen, in der Hoffnung, superintelligente Babys zu zeugen. Aber Graham hatte Schwierigkeiten, Nobelpreisträger davon zu überzeugen, für seinen bizarren Plan ihren Samen zu spenden, und begnügte sich folglich mit Samenzellen von vielversprechenden jungen Wissenschaftlern. Die Samenbank stellte 1999 ihre Geschäftstätigkeit ein.[18]

Im Gegensatz dazu ist *California Cryobank*, eine der führenden Samenbanken weltweit, ein gewinnorientiertes Unternehmen. Es verfolgt keinen eugenischen Auftrag.[19]

Dr. Cappy Rothman, Mitbegründer der Firma, hat für die Eugenik nur Verachtung übrig. Dennoch sind die Standards, die *Cryobank* ihren Samenspendern setzt, nicht weniger hoch als Grahams. *Cryobank* hat ein Büro in Cambridge, Massachusetts, angesiedelt zwischen Harvard und MIT, sowie eines in Palo Alto, Kalifornien, in der Nähe von Stanford. Die Firma sucht in Hochschulzeitungen nach Spendern (und bietet bis zu 900 Dollar pro Monat) und akzeptiert weniger als drei Prozent der Bewerber.

Die Werbeunterlagen von *Cryobank* betonen die prestigeträchtige Herkunft ihrer Samenzellen. Der Katalog der Spender vermittelt detaillierte Informationen über die körperlichen Merkmale jedes Spenders, aber auch über seine ethnische Herkunft und sein Hauptstudienfach. Für eine Zusatzgebühr können zukünftige Kunden das Ergebnis eines Tests erwerben, der das Temperament und den Charakter des Spenders beurteilt. Rothman berichtet, dass *Cryobanks* idealer Samenspender einen Hochschulabschluss hat, 183 Zentimeter groß ist und braune Augen, blonde Haare und Grübchen hat – nicht weil die Firma diese Merkmale weiterverbreiten will, sondern weil dies die Merkmale sind, die die Kunden verlangen. »Wenn unsere Kunden Studienabbrecher verlangen würden, würden wir ihnen Studienabbrecher vermitteln.«[20]

Nicht jeder hat Bedenken gegen die Vermarktung von Samenzellen. Aber jeden, den die eugenischen Aspekte der Nobelpreis-Samenbank beunruhigen, sollte *Cryobank* ebenso beunruhigen, auch wenn sie kundenorientiert ist. Denn was ist am Ende der Unterschied, ob man Kinder zu einem expliziten eugenischen Zweck oder nach den

Anforderungen des Marktes entwirft? Ob das Ziel ist, das »Keimzellplasma« des Menschheit zu verbessern oder Kundenwünsche zu erfüllen, beide Verhaltensweisen sind insofern eugenisch, als sie Kinder zum Produkt absichtlichen Designs machen.

Liberale Eugenik

Im Zeitalter des Genoms erlebt die Sprache der Eugenik ein Comeback, nicht nur unter Kritikern, sondern auch unter Befürwortern der Optimierung. Eine einflußreiche Schule anglo-amerikanischer politischer Philosophie ruft nach einer »liberalen Eugenik«, worunter sie genetische Optimierungen ohne Zwang, die die Autonomie des Kindes nicht beeinträchtigen, verstehen. »Während autoritäre Eugeniker alter Schule suchten, Bürger aus einer einzigen, zentral entworfenen Form zu produzieren«, schreibt Nicholas Agar, »ist das unterscheidende Merkmal der neuen liberalen Eugenik die staatliche Neutralität.«[21] Regierungen dürfen Eltern nicht vorschreiben, welche Art Kinder sie entwerfen, und Eltern dürfen in ihren Kindern nur solche Merkmale gezielt produzieren, die ihre Fähigkeiten verbessern, ohne ihre Wahl eines Lebensplanes vorauszubestimmen.

Ein neuerer Text über Genetik und Gerechtigkeit, verfasst von den Bioethikern Allen Buchanan, Dan W. Brock, Norman Daniels und Daniel Wikler, bietet eine ähnliche Sicht: Der »schlechte Ruf der Eugenik« verdankt sich Handlungsweisen, die »in einem künftigen eugenischen

Programm vermeidbar sein könnten«. Das Problem der alten Eugenik war es, dass ihre Lasten unverhältnismäßig auf den Schwachen und Armen ruhten, die ungerecht ausgesondert und sterilisiert wurden. Vorausgesetzt jedoch, dass die Vorteile und Lasten genetischer Verbesserung fair verteilt sind, so meinen diese Bioethiker, wecken eugenische Maßnahmen keine Einwände und könnten sogar moralisch geboten sein.[22]

Der Rechtsphilosoph Ronald Dworkin verteidigt ebenfalls eine liberale Variante der Eugenik. Es ist nichts Falsches an dem Ansinnen, »die Leben zukünftiger Generationen länger und reicher an Talent und damit an Erfolg zu machen«, schreibt Dworkin. »Im Gegenteil, wenn Gott zu spielen heißt, darum zu kämpfen unsere Art zu verbessern, in unser bewusstes Gestalten den Vorsatz einzubringen zu verbessern, was Gott absichtlich oder die Natur blind sich über Jahrhunderte hat entwickeln lassen, dann verlangt das erste Prinzip des ethischen Individualismus einen solchen Kampf.«[23] Der libertäre Philosoph Robert Nozick schlägt einen »genetischen Supermarkt« vor, der es Eltern erlauben würde, Kinder nach ihren Vorstellungen zu bestellen, ohne der Gesellschaft als ganzer eine bestimmte Vorstellung aufzuzwingen: »Dieses Supermarkt-System besitzt den großen Vorteil, dass es darin keine zentralisierte Entscheidungsinstanz gibt, die über die zukünftige(n) menschliche(n) Art(en) bestimmt.«[24]

Sogar John Rawls gibt in seinem Klassiker *Eine Theorie der Gerechtigkeit* eine kurze Billigung der liberalen Eugenik. Auch in einer Gesellschaft, die sich darauf einigt, die Vorteile und Lasten der genetischen Lotterie zu teilen, schreibt Rawls, ist es »im Interesse eines jeden, größere natürliche Vorzüge zu haben. Das ermöglicht ihm, einen bevorzugten Lebensplan zu verfolgen.« Die Parteien des Gesellschaftsvertrages »wollen für ihre Nachfahren die beste genetische Ausstattung sicher stellen (unter der Annahme, das ihre eigene unveränderlich ist).« Eugenische Maßnahmen sind demnach nicht nur erlaubt, sondern als Angelegenheit der Gerechtigkeit gefordert. »Folglich muss eine Gesellschaft mit der Zeit Maßnahmen ergreifen, das Niveau der natürlichen Fähigkeiten wenigstens zu erhalten und die Ausbreitung ernsthafter Defekte zu verhindern.«[25]

Während die liberale Eugenik eine weniger gefährliche Doktrin ist als die alte Eugenik, ist sie auch weniger idealistisch. Bei all ihrer Torheit und Finsterkeit war die eugenische Bewegung des 20. Jahrhunderts aus dem Bemühen um die Verbesserung der Menschheit geboren oder um die kollektive Wohlfahrt ganzer Gesellschaften zu befördern. Liberale Eugenik schreckt vor kollektiven Ambitionen zurück. Sie ist keine soziale Reformbewegung, sondern vielmehr ein Weg für privilegierte Eltern, die Sorte von Kindern zu bekommen, die sie wollen, und sie für den Erfolg in einer Wettbewerbsgesellschaft zu rüsten.

Aber trotz ihrer Betonung der individuellen Wahlfreiheit impliziert die liberale Eugenik mehr staatlichen Zwang als es zunächst scheint.[26] Für Befürworter der Optimierung macht es keinen moralischen Unterschied, ob man die intellektuellen Fähigkeiten eines Kindes durch Erziehung oder durch genetische Veränderungen verbessert. Worauf es vom liberal-eugenischen Standpunkt aus allein ankommt, ist, dass weder die Erziehung noch die genetische Veränderung die Autonomie oder »das Recht auf eine offene Zukunft«[27] des Kindes verletzt. Vorausgesetzt, die optimierte Fähigkeit ist ein »Allzweck«-Mittel und richtet das Kind daher nicht auf eine bestimmte Karriere oder Lebensplan aus, ist sie moralisch erlaubt.

Angesichts der Pflicht der Eltern, das Wohlergehen ihrer Kinder zu fördern (unter Beachtung ihres Rechts auf eine offene Zukunft), wird eine solche Optimierung jedoch nicht nur erlaubt, sondern geboten. Genau wie der Staat von Eltern verlangen kann, dass sie ihre Kinder zur Schule schicken, so kann er von Eltern verlangen, dass sie genetische Technologien benutzen (solange sie sicher sind), um den IQ ihrer Kinder zu heben. Worauf es ankommt, ist, dass die optimierten Fähigkeiten »Allzweck-Mittel« sind, »dienlich, um nahezu jeglichen Lebensplan auszuführen. [...] Je näher solche Fähigkeiten echten Allzweck-Mitteln kommen, desto weniger Einwände sollte es dagegen geben, wenn der Staat die genetische Optimierung dieser Fähigkeiten befördert oder sogar verlangt.«[28] Recht verstanden gestattet das liberale »Prinzip des ethischen Individualismus« nicht bloß, »die Leben zukünftiger Generationen von Menschen länger und reicher an Talent und damit an Erfolg zu machen«, sondern es »gebietet den Kampf« darum.[29] Liberale Eugenik lehnt staatlich verordnetes genetisches Eingreifen am Ende also gar nicht ab; sie verlangt lediglich, das ein solches Eingreifen die Autonomie des entworfenen Kindes respektiert.

Obwohl die liberale Eugenik bei vielen anglo-amerikanischen Moral- und politischen Philosophen Unterstützung findet, lehnt sie Jürgen Habermas, Deutschlands prominentester politischer Philosoph, ab. Im deutlichen Bewusstsein der dunklen eugenischen Vergangenheit Deutschlands streitet Habermas gegen den Gebrauch von Embryonenuntersuchungen und genetischen Manipulationen zum Zwecke des nicht medizinisch indizierten Optimierens. Sein Plädoyer gegen die liberale Eugenik ist besonders aufschlussreich, weil er der Ansicht ist, das es gänzlich auf liberalen Annahmen beruht und keine spirituellen oder theologischen Ideen hinzuziehen muss. Seine Kritik der genetischen Zurichtung prozediert, »ohne die Prämissen nachmetaphysischen Denkens preiszugeben«, das heißt, sie hängt nicht von einer bestimmten Konzeption des guten Lebens ab. Habermas stimmt John Rawls zu, dass, soweit die Menschen sich in modernen pluralistischen Gesellschaften über Moralität und Religion uneins sind, eine gerechte Gesellschaft sich in einem solchen Streit nicht auf eine Seite schlagen, sondern jeder Person die Freiheit einräumen sollte, sich zu entscheiden und seine oder ihre Vorstellung vom guten Leben zu verfolgen.[30]

Genetisches Intervenieren, um Kinder auszuwählen oder zu verbessern, weckt Einwände, so das Argument von Habermas, weil es die liberalen Prinzipien der Autonomie und der Gleichheit verletzt. Es verletzt die Autonomie, weil genetisch programmierte Personen nicht in der Lage sind, »sich unbefangen als der ungeteilte Autor des eigenen Lebens zu verstehen.«[31] Und es untergräbt die Gleichheit, indem es über Generationen hinweg »die grundsätzlich symmetrischen Beziehungen zwischen freien und gleichen Personen unterminiert.«[32] Ein Maß dieser Asymmetrie ist, dass Eltern, sobald sie zu Designern ihrer Kinder geworden sind, sich unausweichlich eine Verantwortung für das Leben ihrer Kinder aufladen, die unmöglich reziprok sein kann.[33]

Habermas lehnt die eugenische Elternschaft zurecht ab, aber er täuscht sich, wenn er meint, die Einwände könnten sich allein auf liberale Annahmen stützen. Die Befürworter einer liberalen Eugenik haben recht, wenn sie anführen, dass Designer-Kinder im Hinblick auf ihre genetischen Merkmale nicht weniger autonom sind als natürlich geborene Kinder. Es ist ja nicht so, als könnten wir ohne eugenische Manipulationen unser genetisches Erbe selbst bestimmen. Was Habermas' Sorge um Gleichheit und die Reziprozität zwischen den Generationen betrifft, können die Befürworter einer liberalen Eugenik entgegnen, dass diese Sorge, wenn auch legitim, sich nicht auf genetische Manipulationen allein bezieht. Die Eltern, die ihre Tochter zwingen, vom dritten Lebensjahr an dauernd Klavier zu üben oder von morgens bis abends einen Tennisball zu schlagen, üben ebenso eine Art Kontrolle über das Leben des Kindes aus, die unmöglich reziprok sein kann. Die Frage sei, so insistieren die Liberalen, ob der elterliche Einfluss, ob eugenisch oder erzieherisch, die Freiheit des Kindes untergräbt, seinen eigenen Lebensplan zu bestimmen.

Eine Ethik der Autonomie und der Gleichheit kann nicht erklären, was mit der Eugenik nicht stimmt. Aber Habermas präsentiert ein weiteres Argument, das tiefer geht, indem es sogar über die Grenzen liberaler, »nachmetaphysischer« Überlegungen hinausweist. Der Gedanke lautet: »Die eigene Freiheit wird mit Bezug auf etwas natürlich Unverfügbares erlebt. Die Person weiß sich, ungeachtet ihrer Endlichkeit, als nicht hintergehbaren Ursprung eigener Handlungen und Ansprüche. Aber muss sie dafür die Herkunft ihrer selbst auf einen unverfügbaren Anfang zurückführen – also auf einen Anfang, der ihre Freiheit nur dann nicht präjudiziert, wenn er sich – wie Gott oder die Natur – der Verfügung *anderer* Personen entzieht? Auch die Natürlichkeit der Geburt füllt die begrifflich erforderliche Rolle eines solchen unverfügbaren Anfangs aus. Die Philosophie hat diesen Zusammenhang selten thematisiert. Zu den Ausnahmen gehört Hannah Arendt, die im Rahmen ihrer Theorie des Handelns den Begriff der ›Natalität‹ einführt.«[34]

Ich glaube, Habermas macht auf etwas Wichtiges aufmerksam, wenn er einen »Zusammenhang zwischen der Unverfügbarkeit eines kontingenten lebensgeschichtlichen Anfangs und der Freiheit zur ethischen Lebensgestaltung« behauptet.[35] Für ihn ist diese Verbindung deshalb von Bedeutung, weil sie erklärt, warum ein genetisch entworfenes Kind in einer Weise an andere Personen (die entwerfenden Eltern) gebunden und ihnen untergeordnet ist, wie das für ein Kind, das aus einem zufälligen, unpersönlichen Anfang geboren ist, nicht zutrifft.[36] Aber die Vorstellung, dass unsere Freiheit an »einen Anfang, den wir nicht kontrollieren können«, gebunden ist, hat noch eine größere Bedeutung: Das Bestreben, Kontigenz zu eliminieren und das Geheimnis der Geburt zu beherrschen, erniedrigt die entwerfenden Eltern und verdirbt die Elternschaft als soziale Praxis, die vom Standard voraussetzungsloser Liebe bestimmt ist – unabhängig von der Wirkung auf die Autonomie des Kindes.

Dies bringt uns zurück zum Gedanken des Gegebenseins. Auch wenn es dem Kind nicht schadet oder dessen Autonomie nicht beeinträchtigt, weckt die eugenische Elternschaft Einwände, weil sie eine bestimmte Haltung zur Welt offenbart und verstärkt – eine Haltung der Beherrschung und Macht, die nicht fähig ist, den Charakter menschlicher Fähigkeiten und Erfolge als Gabe zu schätzen, und den Teil der Freiheit, der in einer dauerhaften Auseinandersetzung mit dem Gegebenen besteht, übersieht.

5.
Beherrschung und Gabe

Das Problem mit Eugenik und genetischer Zurichtung ist, dass sie den einseitigen Triumph der Absichtlichkeit über das Geschenktsein, der Dominanz über die Ehrfurcht, des Formens über das Betrachten darstellt. Aber warum, könnten wir uns fragen, sollten wir uns über diesen Triumph Sorgen machen? Warum nicht einfach unser Unbehagen über das Optimieren ablegen wie einen bloßen Aberglauben? Was verlören wir, wenn die Biotechnologie unseren Sinn für das Geschenktsein auflöste?

Demut, Verantwortung und Solidarität

Vom Standpunkt der Religion ist die Antwort klar: Zu glauben, unsere Talente und Fähigkeiten seien allein unser Tun, heißt, unseren Ort in der Schöpfung misszuverstehen, unsere Rolle mit der Gottes zu verwechseln. Aber Religion ist nicht die einzige Quelle von Gründen, sich mit dem Geschenktsein zu beschäftigen. Was moralisch auf dem Spiel steht, lässt sich auch in säkularen Begriffen beschreiben. Wenn die genetische Revolution unsere Wertschätzung des Charakters menschlicher Fähigkeiten und Erfolge als Gabe aushöhlt, dann verändern sich drei Schlüsselelemente unserer moralischen Landschaft – Demut, Verantwortung und Solidarität.

In einer sozialen Welt, die Beherrschung und Kontrolle schätzt, ist Elternschaft eine Schule der Demut. Dass uns unsere Kinder viel bedeuten, wir uns jedoch nicht aussuchen können, welche wir wollen, lehrt Eltern, für das Unerbetene offen zu sein. Diese Offenheit ist eine Haltung, die zu bekräftigen sich lohnt, nicht nur in den Familien, sondern auch in der übrigen Welt. Sie lädt uns ein, das Unerbetene zu ertragen, mit Unstimmigkeit zu leben, den Drang zum Kontrollieren zu zügeln. Eine *Gattaca*-ähnliche Welt, in der Eltern gewöhnt sind, das Geschlecht und die genetischen Merkmale ihrer Kinder zu bestimmen, wäre eine Welt, die für das Unerbetene unwirtlich wäre, eine abgeschottete Gemeinschaft in Reinkultur.

Die soziale Grundlage der Demut würde ebenso gemindert, wenn die Menschen sich an genetische Selbstverbesserung gewöhnten. Das Bewusstsein, dass unsere Talente und Fähigkeiten nicht allein unser Tun sind, beschränkt unsere Neigung zum Hochmut. Wenn die Biotechnik den Mythos vom »Selfmademan« Wirklichkeit werden ließe, wäre es schwierig, unsere Talente als Gaben zu betrachten, für die wir Dank schulden, statt als Erfolge, die wir selbst zustande gebracht haben. (Genetisch optimierte Kinder blieben natürlich zu Dank verpflichtet und hätten ihre Eigenschaften nicht selbst zustande gebracht, doch ihre Schuld bestünde eher gegenüber den Eltern und weniger gegenüber der Natur, dem Zufall oder Gott.)

Manche meinen, genetische Optimierung höhle menschliche Verantwortung aus, indem sie Anstrengung und Bemühung überspiele. Aber das wirkliche Problem ist die Explosion, nicht die Erosion der Verantwortung. In dem Maße, in dem die Demut schwindet, dehnt sich die

Verantwortung in erschreckende Dimensionen aus. Wir schreiben weniger dem Zufall und mehr der Entscheidung zu. Eltern werden verantwortlich dafür, die richtigen Eigenschaften ihrer Kinder ausgewählt oder nicht ausgewählt zu haben. Sportler werden verantwortlich dafür, sich die Talente, die ihrer Mannschaft zum Sieg verhelfen, angeeignet oder nicht angeeignet zu haben.

Eine der Segnungen, wenn wir uns als Geschöpfe der Natur, Gottes oder des Schicksals ansehen, ist, dass wir nicht völlig dafür verantwortlich sind, wie wir sind. Je mehr wir Meister unserer genetischen Ausstattung werden, desto größer die Last, die wir für die Talente tragen, die wir haben, und für die Leistung, die wir zeigen. Wenn ein Basketballspieler heute einen Rebound verpasst, kann sein Trainer ihn dafür verantwortlich machen, dass er falsch gestanden hat. In Zukunft wird der Trainer ihn vielleicht dafür verantwortlich machen, dass er zu klein ist.

Selbst heute verändert der steigende Gebrauch von Leistung fördernden Medikamenten im Profisport still und leise die Erwartungen, die die Spieler voneinander haben. Wenn früher die Mannschaft des Startwerfers zu wenig Punkte machte, um zu gewinnen, konnte er nur sein Pech verfluchen und gelassen hinnehmen. Heutzutage ist der Gebrauch von Amphetaminen und Stimulanzien so verbreitet, dass Spieler, die ohne sie eingenommen zu haben aufs Feld gehen, dafür beschimpft werden, dass sie »nackt spielen«. Ein vor kurzem abgetretener Feldspieler aus der ersten Liga erzählte der *Sports Illustrated*, dass einige Werfer Mitspieler, die ungedopt spielen, zur Verantwortung ziehen: »Wenn der Startwerfer weiß, dass

Du nackt aufs Spielfeld gehst, ist er verärgert, dass Du ihm nicht alles gibst, was möglich ist. Die erfolgreichen Werfer wollen sicherstellen, dass Du Dich vor dem Spiel aufputschst.«[1]

Die Explosion der Verantwortung und die moralische Last, die sie schafft, lässt sich auch beobachten an den sich verändernden Normen für die Anwendung pränataler genetischer Untersuchungen. Einstmals wurde die Geburt eines Kindes mit Down-Syndrom als Sache des Zufalls betrachtet; heute fühlen sich viele Eltern von Kindern mit Down-Syndrom oder anderen genetischen Behinderungen verurteilt oder verantwortlich gemacht.[2] Ein Gebiet, das einst vom Schicksal bestimmt wurde, ist zu einer Arena der Wahlmöglichkeit geworden. Was immer man darüber denkt, welche genetischen Erkrankungen, wenn überhaupt, einen Schwangerschaftsabbruch rechtfertigen (oder die Auswahl eines Embryos im Falle der Präimplantationsdiagnostik), die Verfügbarkeit genetischer Untersuchungen hat eine Last der Entscheidung geschaffen, die es vorher nicht gab. Künftige Eltern bleiben frei in ihrer Möglichkeit zu entscheiden, ob sie Pränataluntersuchungen wollen und ob sie aufgrund ihrer Ergebnisse handeln wollen. Aber sie haben keine Möglichkeit, sich der Last der Entscheidung, die die neue Technologie schafft, zu entziehen. Und sie können auch nicht vermeiden, ins vergrößerte Spiel moralischer Verantwortung, die mit neuen Gewohnheiten der Kontrolle einhergeht, verwickelt zu sein.

Der prometheische Drang ist ansteckend. In der Elternschaft wie im Sport verdrängt und untergräbt er die geschenkte Dimension der menschlichen Erfahrung. Wenn Leistung fördernde Medikamente der Normalfall werden, stehen nicht-optimierte Spieler plötzlich als »nackt« da. Wenn genetische Untersuchungen routinemäßig zu einer Schwangerschaft dazugehören, gelten Eltern, die sie meiden, als »Blindflieger« und werden für jedweden genetischen Fehler ihres Kindes verantwortlich gemacht.

In einer paradoxen Wende könnte die Explosion der Verantwortung für unser eigenes Schicksal und das unserer Kinder unseren Sinn für Solidarität mit denen, die weniger Glück haben als wir, mindern. Je bewusster uns die zufällige Natur unseres Loses ist, desto mehr Grund haben wir, unser Schicksal mit anderen zu teilen. Denken wir an Versicherungen. Weil die Menschen nicht wissen, ob und wann sie krank werden, werfen sie ihre Risiken in einen Topf, indem sie eine Kranken- oder Lebensversicherung abschließen. Wie das Leben so spielt, subventionieren am Ende die Gesunden die Kranken, und die, die bis ins hohe Alter leben, subventionieren die Familien derer, die frühzeitig sterben. Das Ergebnis heißt Gegenseitigkeit aufgrund von Ungewissheit. Auch ohne einen Sinn für gegenseitige Verpflichtung vergemeinschaften die Menschen ihre Risiken und Ressourcen und teilen das Schicksal der anderen.

Versicherungsmärkte ahmen die Praxis der Solidarität jedoch nur insofern nach, als die Menschen ihre eigenen Risikofaktoren nicht kennen oder kontrollieren. Nehmen wir an, genetische Untersuchungen entwickelten sich zu einem Punkt, wo sie verlässlich jedes Menschen Krankengeschichte und Lebenserwartung vorhersagen könnten. Diejenigen, die von ihrer guten Gesundheit und ihrem langen Leben überzeugt wären, würden sich aus der Risikogemeinschaft verabschieden, was für diejenigen mit schlechter Gesundheitsprognose einen dramatischen Anstieg der Prämien zur Folge hätte. Der solidarische Aspekt der Versicherung würde verschwinden, weil diejenigen mit guten Genen die aktuarische Gesellschaft derer mit schlechten fliehen würden.

Die Sorge, dass Versicherungsunternehmen genetische Daten verwenden würden, um Risiken und Prämien zu bestimmen, hat den amerikanischen Senat dazu bewogen, für ein Verbot der genetischen Diskriminierung in der Krankenversicherung zu stimmen.[3] Aber die größere, zugegebenermaßen spekulativere Gefahr liegt darin, dass die genetische Optimierung, routinemäßig praktiziert, es schwieriger machen würde, das moralische Gefühl zu pflegen, welches die soziale Solidarität voraussetzt.

Warum denn schulden die Erfolgreichen den am stärksten benachteiligten Mitgliedern der Gesellschaft irgendetwas? Eine überzeugende Antwort auf diese Frage stützt sich stark auf den Gedanken des Geschenktseins. Die natürlichen Talente, die es den Erfolgreichen gestatten, zu florieren, sind nicht ihr eigenes Werk, sondern vielmehr Glück – ein Ergebnis der genetischen Lotterie.[4] Wenn unsere genetische Ausstattung eine Gabe ist, statt eines Erfolgs, für den wir Anerkennung beanspruchen können, ist es ein Fehler und eine Einbildung zu glauben, wir hätten ein Anrecht auf das volle Maß des Gewinns, den sie in einer Marktwirtschaft erzielt. Wir haben daher eine Verpflichtung, diesen Gewinn mit denen zu teilen, denen ohne eigenes Verschulden vergleichbare Begabungen fehlen.

Hier also liegt die Verbindung zwischen Solidarität und Geschenktsein: Ein lebendiger Sinn für die Kontingenz unserer Begabungen – ein Bewusstsein, dass niemand von uns seinen Erfolg völlig allein zustande gebracht hat – bewahrt eine am Erfolg orientierte Gesellschaft davor, in die selbstgefällige Annahme zu verfallen, dass der Erfolg der Gipfel der Tugend sei, dass die Reichen reich seien, weil sie es eher verdienen als die Armen.

Wenn uns die genetische Zurichtung gestattete, die Ergebnisse der genetischen Lotterie zu überspielen, den Zufall durch Wahlmöglichkeit zu ersetzen, dann würde der Charakter menschlicher Fähigkeiten und Erfolge als Gabe verschwinden und damit vielleicht auch unsere Fähigkeit, uns als diejenigen zu betrachten, die ein gemeinsames Schicksal teilen. Die Erfolgreichen würden sich selbst mit noch höherer Wahrscheinlichkeit als heute als selbst-gemacht und selbst-genügsam betrachten, und daher als allein verantwortlich für ihren Erfolg. Diejenigen am unteren Ende der Gesellschaft würden nicht mehr als benachteiligt und daher eines Maßes des Ausgleichs würdig betrachtet, sondern schlicht als untauglich und daher einer genetischen Reparatur würdig. Die Orientierung am Erfolg, weniger durch den Zufall einsichtig gemacht, würde härter und weniger nachgiebig werden. Wie perfektes genetisches Wissen die nachgeahmte Solidarität der Versicherungsmärkte zerstören würde, so würde perfekte genetische Kontrolle die echte

Solidarität, die auftritt, wenn Männer und Frauen über die Kontingenz ihrer Talente und Erfolge nachdenken, aushöhlen.

Einwände

Mein Argument gegen die Optimierung stößt vermutlich auf mindestens zwei Einwände: Manche mögen es als übertrieben religiös beklagen; andere mögen einwenden, dass es aufgrund konsequentialistischer Überlegungen nicht überzeugt. Der erste Einwand behauptet, dass von einer Gabe zu sprechen einen Gebenden voraussetzt. Wenn das stimmt, dann ist mein Plädoyer gegen die genetische Zurichtung und das Optimieren unausweichlich religiös.[5] Ich erwidere dagegen, dass eine Wertschätzung des Geschenktseins des Lebens aus religiösen und aus säkularen Quellen entspringen kann. Während einige glauben, Gott sei der Ursprung der Gabe des Lebens und dass Ehrfurcht vor dem Leben eine Form der Dankbarkeit gegenüber Gott ist, muss man doch einen solchen Glauben nicht teilen, um das Leben als Gabe zu schätzen oder Ehrfurcht vor ihm zu haben. Wir sprechen gemeinhin von der Begabung eines Sportlers oder Musikers ohne irgendeine Annahme darüber zu machen, ob diese Begabung von Gott kommt oder nicht. Was wir meinen, ist schlicht, dass das fragliche Talent nicht allein das eigene Werk des Sportlers oder Musikers ist; ob er der Natur, dem Glück oder Gott dafür zu danken hat – das Talent ist eine Mitgift, die seine Kontrolle übersteigt.

In ähnlicher Weise reden die Leute oft von der Erhabenheit des Lebens oder sogar der Natur, ohne unbedingt die starke metaphysische Variante dieses Gedankens zu bejahen. So glauben manche wie antike Vorbilder daran, dass die Natur erhaben im Sinne von verzaubert ist oder mit einer ihr innewohnenden Bedeutung versehen oder beseelt von einem göttlichen Zweck; andere, in der jüdisch-christlichen Tradition, sehen die Erhabenheit der Natur als von Gottes Schöpfung des Universums abgeleitet; und wieder andere glauben, die Natur sei erhaben einfach in dem Sinne, dass sie kein bloßer Gegenstand unserer Verfügung, für jeden von uns gewünschten Gebrauch offen, ist. Die unterschiedlichen Auffassungen vom Erhabenen bestehen alle darauf, dass wir die Natur und die Lebewesen in ihr als mehr denn bloße Mittel achten; anders zu handeln zeugt von fehlender Ehrfurcht, von mangelndem Respekt. Aber dieser moralische Auftrag muss nicht auf einer bestimmten religiösen oder metaphysischen Grundannahme beruhen.

Man mag darauf antworten, dass nicht-theologische Auffassungen von Erhabenheit und Gabe letztlich nicht allein stehen können, sondern sich auf geborgte metaphysische Annahmen stützen müssen, die anzuerkennen sie unterlassen. Dies ist eine tiefgehende und schwierige Frage, die ich hier zu beantworten nicht versuchen kann.[6] Es lohnt sich jedoch festzustellen, dass liberale Denker von Locke über Kant bis zu Habermas den Gedanken akzeptieren, dass Freiheit auf einem Ursprung oder Standpunkt beruht, der sich unserer Kontrolle entzieht. Nach Locke dürfen wir unser Leben und unsere

Freiheit, da sie unveräußerliche Rechte sind, nicht weggeben (durch Suizid oder den Verkauf in die Sklaverei). Obwohl wir die Urheber des moralischen Gesetzes sind, so Kant, haben wir genauso wenig das Recht, uns selbst auszubeuten oder als Objekte zu behandeln, wie wir das mit anderen Menschen tun dürfen. Und für Habermas hängt, wie wir gesehen haben, unsere Freiheit als gleiche moralische Wesen davon ab, dass wir einen Ursprung jenseits menschlicher Manipulation und Kontrolle haben. Wir können diese Begriffe der unveräußerlichen und unverletzlichen Rechte verstehen, ohne unbedingt religiöse Vorstellungen von der Erhabenheit menschlichen Lebens zu bemühen. In ähnlicher Weise können wir den Gedanken des Geschenktseins verstehen und sein moralisches Gewicht spüren, ob wir die Quelle der Gabe zu Gott zurückverfolgen oder nicht.

Der zweite Einwand begreift mein Plädoyer gegen Optimierung als im engen Sinne konsequentialistisch, und hält es aufgrund folgender Überlegungen für defizitär: Auf die möglichen Folgen der Biotechnik für Demut, Verantwortung und Solidarität hinzuweisen, mag diejenigen überzeugen, die diese Tugenden schätzen. Aber diejenigen, denen einen Wettbewerbsvorteil für ihre Kinder oder sich selbst zu erlangen mehr bedeutet, mögen sich entscheiden, dass die Vorteile, die das genetische Optimieren verspricht, die angeblichen negativen Effekte für soziale Institutionen und moralische Überzeugungen überwiegen. Selbst wenn man annimmt, dass der Wunsch nach Beherrschung schlecht ist, mag ein Einzelner, der ihn verfolgt, zudem ein ausgleichendes moralisches Gut erreichen – ein Mittel gegen Krebs zum Beispiel. Warum sollten wir also annehmen, dass das »Übel« der Beherrschung notwendig das Gute, das es erbringen kann, überwiegt?[7]

Auf diesen Einwand antworte ich, dass ich nicht vorhatte, mein Plädoyer gegen das Optimieren auf konsequentialistische Überlegungen zu stützen, jedenfalls nicht im gewöhnlichen Sinne des Wortes. Mein Punkt ist nicht, dass genetisches Arrangieren Einwände weckt, nur weil die sozialen Kosten mutmaßlich die Vorteile überwiegen. Noch behaupte ich, dass Menschen, die ihre Kinder oder sich selbst biotechnisch verändern, notwendig vom Wunsch nach Beherrschung motiviert sind und dass diese Motivation eine Sünde ist, die kein noch so gutes Resultat je aufwiegen könnte. Stattdessen lege ich nahe, dass die moralischen Kosten in der Debatte über das Optimieren von den geläufigen Kategorien der Autonomie und Rechte einerseits sowie der Kalkulation von Kosten und Nutzen andererseits nicht voll erfasst werden. Mein Bedenken besteht nicht gegenüber dem Optimieren als individuellem Laster, sondern als Gewohnheit des Geistes und Weise zu sein.[8]

Die größeren Kosten sind von zweierlei Art. Eine betrifft das Schicksal menschlicher Güter, wie sie in wichtigen sozialen Praktiken zum Ausdruck kommen – Normen voraussetzungsloser Liebe und eine Offenheit für das Unerbetene im Falle der Elternschaft; die Bewunderung natürlicher Talente und Begabungen in Sport und Kunst; Demut angesichts von Privilegien und eine Bereitschaft, die Früchte guten Gelingens durch Institutionen sozialer

Solidarität zu teilen. Die andere betrifft unsere Sicht auf die Welt, die wir bewohnen, und die Art von Freiheit, nach der wir streben.

Es ist verlockend zu glauben, dass es eine Übung in Sachen Freiheit sei, unsere Kinder und uns selbst biotechnisch auf Erfolg in einer auf Wettbewerb orientierten Gesellschaft zu trimmen. Aber unsere Natur zu verändern, damit sie in die Welt passt, und nicht umgekehrt, ist in der Tat die tiefste Form der Entmachtung. Es lenkt uns davon ab, kritisch über die Welt nachzudenken, und betäubt den Drang nach sozialer und politischer Reform. Statt unsere neuen genetischen Fähigkeiten dafür einzusetzen, »das krumme Holz der Menschheit«[9] zu begradigen, sollten wir tun, was wir können, soziale und politische Verhältnisse zu schaffen, die für die Gaben und Beschränkungen unvollkommener menschlicher Wesen möglichst günstig sind.

Das Projekt der Beherrschung

In den späten 60er Jahren des 20. Jahrhunderts warf Robert L. Sinsheimer, Molekularbiologe am *California Institute of Technology*, einen kurzen Blick in die Zukunft. In einem Aufsatz mit dem Titel »Die Aussichten gezielter genetischer Veränderungen« (»*The prospect of designed genetic change*«) vertrat er die Auffassung, dass die Wahlfreiheit die neue Genetik rechtfertigen und gegenüber der diskreditierten alten Eugenik auszeichnen werde. »Um die ältere Eugenik von Galton und seinen Nachfolgern zu implementieren, hätte massive öffentliche Maßnahmen über viele Generationen erfordert. Solche Maßnahmen hätte man ohne die Zustimmung und Mitarbeit des größten Teils der Bevölkerung und ohne kontinuierliche öffentliche Kontrolle nicht ergreifen können. Im Gegensatz dazu könnte die neue Eugenik wenigstens im Prinzip auf individueller Basis durchgeführt werden, in einer einzigen Generation and ohne bestehende Restriktionen.«[10]

Nach Sinsheimer geschähe die neue Eugenik freiwillig statt zwangsweise und darüber hinaus menschlicher. Statt die Untauglichen auszusondern und zu eliminieren, würde sie sie verbessern. »Die alte Eugenik hätte eine kontinuierliche Selektion zur Fortpflanzung der Tauglichen und ein Ausmerzen der Untauglichen erfordert. Die neue Eugenik würde im Prinzip die Anhebung aller Untauglichen auf die höchste genetische Stufe gestatten.«[11]

Sinsheimers Loblied auf die genetische Zurichtung brachte das selbstbewusste, prometheische Selbstverständnis der Zeit auf den Punkt. Er schrieb in der Hoffnung, »die Verlierer der chromosomalen Lotterie, die unsere menschlichen Schicksale so fest vorherbestimmt«, zu retten, und zwar nicht nur jene, die mit genetischen Schäden geboren werden, sondern auch »die rund 50 Millionen ›normalen‹ Amerikaner mit einem IQ unter 90.« Aber er erkannte auch, dass es um etwas Größeres ging, als das »geistlose, uralte Würfeln« der Natur zu verbessern. In den neuen Technologien der genetischen Intervention war auch eine neue, herausgehobenere Stellung des Menschen im Kosmos vorgesehen. »Indem wir die Freiheit der Menschen vergrößern, vermindern wir seine Bindungen und das, was er als gegeben hinnehmen muss.« Kopernikus und Darwin hatten »den Menschen aus seiner glänzenden Herrlichkeit im Mittelpunkt des Universums vertrieben«, aber die neue Biologie würde seine zentrale Rolle wieder herstellen. Im Spiegel unseres neuen genetischen Wissens würden wir uns selbst als mehr denn ein Glied in der Kette der Evolution sehen: »Wir können die Urheber eines Übergangs zu einer ganz neuen Stufe der Evolution sein. Das ist ein kosmisches Ereignis.«[12]

Die Vision einer menschlichen Freiheit, die von Gegebenem unbeeinträchtigt ist, hat etwas Anziehendes, ja Berauschendes. Es mag sogar sein, dass die Anziehungskraft dieser Vision dazu beigetragen hat, das genetische Zeitalter überhaupt einzuläuten. Es wird oft davon ausgegangen, dass sich die Kräfte der Optimierung, die wir heute besitzen, als unbeabsichtigte Nebenprodukte des biomedizinischen Fortschritts ergeben haben – die genetische Revolution kam sozusagen, um Krankheiten zu heilen, aber sie blieb, uns mit der Aussicht auf Optimierung unserer Leistung, auf das Entwerfen unserer Kinder und die Perfektionierung der Natur zu locken. Aber es könnte genau umgekehrt gewesen sein. Man kann die genetische Zurichtung auch sehen als den stärksten Ausdruck unserer Hartnäckigkeit, uns als Lenker der Welt, als die Beherrscher unserer Natur, zu betrachten. Aber diese Vision von Freiheit ist brüchig. Sie droht, unsere Wertschätzung des Lebens als Gabe zu verdrängen und uns nichts anzuerkennen und beachten zu lassen als unseren eigenen Willen.

Epilog
Embryo-Ethik: die Stammzelldebatte

Indem ich die genetische Optimierung zurückgewiesen habe, habe ich gegen den einseitigen Triumph der Beherrschung über die Achtung argumentiert und darauf gedrängt, dass wir eine Wertschätzung des Lebens als Gabe wiedergewinnen. Aber ich habe ebenso darauf verwiesen, dass zwischen Heilen und Optimieren ein Unterschied besteht. Die Medizin greift in die Natur ein, aber weil sie an das Ziel gebunden ist, die normalen menschlichen Körperfunktionen wiederherzustellen, stellt sie keinen unbeschränkten Akt des Hochmuts und keinen Vorstoß zur Dominanz dar. Der Bedarf für Heilung entsteht aus der Tatsache, dass die Welt nicht vollkommen und vollständig ist, sondern einen andauernden Bedarf an menschlichem Eingreifen und Richten hat. Nicht alles Gegebene ist gut. Die Pocken und Malaria sind keine Gaben, und es wäre gut sie auszurotten.

Dasselbe lässt sich von Diabetes, der Parkinsonschen Krankheit, Amyotropher Lateralsklerose (ALS) und Rückenmarksverletzungen sagen. Eine der vielversprechendsten neuen Quellen der Hoffnung für Menschen, die unter diesen Beschwerden leiden, ist die Stammzellforschung. Wissenschaftler könnten schon bald in der Lage sein, aus einem frühen Embryo Stammzellen zu extrahieren und diese Zellen wachsen zu lassen, um degenerative Erkrankungen zu erforschen und zu heilen. Kritiker wenden dagegen ein, dass das Extrahieren der Stammzellen den Embryo zerstört. Sie argumentieren: Wenn Leben eine Gabe ist, dann muss Forschung, die heranwachsendes menschliches Leben zerstört, mit Gewissheit abzulehnen sein. In diesem Abschnitt liefere ich eine Verteidigung der embryonalen Stammzellforschung und versuche zu zeigen, dass die Ethik des Gegebenseins sie nicht ausschließt.

Stammzellfragen

Im Sommer 2006, im sechsten Jahr seiner Präsidentschaft, legte George W. Bush sein erstes Veto ein. In dem Gesetz, das er ablehnte, ging es nicht um eine der bekannten Washingtoner Fragen wie Steuern oder Terrorismus oder den Krieg im Irak, sondern um das geheimnisvollere Thema Stammzellforschung. In der Hoffnung, die Heilung von Diabetes, Morbus Parkinson und anderer degenerativer Erkrankungen zu fördern, hatte der Kongress dafür gestimmt, die neue Stammzellforschung zu finanzieren, bei der Wissenschaftler Zellen isolieren, die sich zu jedem Körpergewebe entwickeln können. Der Präsident weigerte sich mitzumachen. Er vertrat den Standpunkt, die Forschung sei unethisch, weil die Herstellung dieser Zellen die Blastozyste, einen unimplantierten Embryo nach sechs bis acht Tagen der Entwicklung, zerstört. Die Bundesregierung, so erklärte er, sollte nicht »die Opferung unschuldigen menschlichen Lebens« unterstützen.[1]

Man könnte dem Sprecher des Präsidenten seine Verwirrung verzeihen. In der Erläuterung des Vetos behauptete er, der Präsident betrachte embryonale Stammzellforschung als »Mord«, also als etwas, das die Bundesregierung nicht unterstützen sollte. Als die Bemerkung einen Wirbel kritischer Medienaufmerksamkeit auf sich zog, machte das Weiße Haus einen Rückzieher. Nein, der Präsident glaube nicht, dass einen Embryo zu zerstören Mord sei. Der Sprecher zog seine Behauptung zurück und entschuldigte sich dafür, »die Position des Präsidenten überzogen dargestellt zu haben.«[2]

Wie genau der Sprecher in der Darstellung der Position des Präsidenten überzogen hatte, ist unklar. Wenn embryonale Stammzellforschung die absichtliche Opferung unschuldigen menschlichen Lebens ist, fällt es schwer auszumachen, wie sie sich von Mord unterscheidet. Der in seine Schranken gewiesene Sprecher machte keinen Versuch, den Unterschied zu entfalten. Er war nicht der erste, der sich in den ethischen und politischen Schwierigkeiten der Stammzelldebatte verfangen hatte.

Die Stammzelldebatte stellt drei Fragen. Erstens, sollte embryonale Stammzellforschung erlaubt sein? Zweitens, sollte sie von der Regierung finanziell gefördert werden? Drittens, sollte es für die Erlaubnis oder die Förderung einen Unterschied machen, ob die Stammzellen aus bereits existierenden Embryonen, die aus Fruchtbarkeitsbehandlungen übrig geblieben sind, oder aus geklonten Embryonen, die für die Forschung erzeugt wurden, gewonnen werden?

Die erste Frage ist die grundsätzlichste und, wie einige sagen würden, die unlösbarste. Der Haupteinwand gegen die embryonale Stammzellforschung besteht darin, dass die Zerstörung menschlicher Embryonen, auch in der frühesten Phase ihrer Entwicklung und sogar für hochrangige Ziele, moralisch verwerflich ist; sie ist wie ein Kind zu töten, um anderer Menschen Leben zu retten. Die Tragfähigkeit dieses Einwandes beruht natürlich auf dem moralischen Status des Embryos. Da manche Menschen zu dieser Frage starke religiöse Überzeugungen haben, wird manchmal angeführt, dass sie keiner vernünftigen Argumention oder Analyse zugänglich sei. Aber das ist ein Fehler. Die Tatsache, dass eine moralische Haltung in religiösen Überzeugungen gründet, bewahrt sie weder vor Herausforderung noch macht es sie für eine vernünftige Verteidigung untauglich.

Weiter unten in diesem Abschnitt werde ich versuchen zu zeigen, wie das moralische Nachdenken über den Status des Embryos voranschreiten kann. Aber um den Weg zu bereiten, wende ich mich erst der Frage zu, ob es zwischen dem Verbrauch von »überzähligen« oder »überflüssigen« Embryonen, die bei Fruchtbarkeitsbehandlungen übrig geblieben sind, und dem Verbrauch von geklonten Embryonen, die für die Forschung erzeugt wurden, einen moralischen Unterschied gibt.

Klone und Überzählige

Bis heute haben die Vereinigten Staaten kein Bundesgesetz, dass das Klonen eines Kindes verbietet. Das liegt nicht daran, dass die meisten Menschen für das Klonen als neues Mittel der Fortpflanzung sind. Im Gegenteil, die öffentliche Meinung und beinahe alle gewählten Vertreter sind dagegen.

Aber es gibt eine heftige Auseinandersetzung darüber, ob man das Klonen erlauben soll, um Embryonen für die Stammzellforschung zu erzeugen. Und die Gegner des Forschungsklonens sind bislang nicht willens, ein eigenes Verbot des reproduktiven Klonens zu unterstützen, wie es Großbritannien in Kraft gesetzt hat.[3] Das Repräsentantenhaus hat 2001 für einen Gesetzentwurf gestimmt, durch den nicht nur das reproduktive Klonen, sondern auch das Klonen für biomedizinische Forschungszwecke verboten worden wäre. Der Entwurf wurde nicht Gesetz, weil Befürworter der Stammzellforschung im Senat nicht bereit waren, das Generalverbot zu akzeptieren. Aufgrund dieses Patts haben die Vereinigten Staaten kein Bundesgesetz gegen das reproduktive Klonen.

Die Debatte über das Klonen hat zwei verschiedene Gründe aufgezeigt, warum man den Gebrauch geklonter Embryonen in der Stammzellforschung ablehnt. Für manche besteht der Grund darin, dass der Embryo eine Person ist. Sie bestehen darauf, dass jegliche embryonale Stammzellforschung unmoralisch sei (ob mit geklonten oder natürlichen Embryonen), weil sie der Tötung einer Person zur Behandlung der Krankheiten anderer Menschen gleichkomme. Dies ist die Position von Senator Sam Brownback aus Kansas, einem führenden Vertreter des Ansatzes eines Rechts auf Leben. Embryonale Stammzellforschung ist falsch, so argumentiert er, weil »es niemals akzeptabel ist, absichtlich einen unschuldigen Menschen zu töten, um einem anderen zu helfen.«[4] Wenn der Embryo eine Person ist, dann ist die Gewinnung seiner Stammzellen moralisch analog zur Entnahme der Organe von Babys. Brownbacks Ansicht: »Ein menschlicher Embryo […] ist ein menschliches Wesen genau wie du und ich; und er verdient denselben Respekt, den unsere Gesetze uns allen verschaffen.«[5]

Andere Gegner des Forschungsklonens gehen nicht so weit. Sie befürworten die embryonale Stammzellforschung, vorausgesetzt, sie nutzt »überzählige« Embryonen, die in Fruchtbarkeitskliniken übriggeblieben sind.[6] Sie sind durch das absichtliche Herstellen von Embryonen für die Forschung irritiert. Da IVF-Kliniken jedoch viel mehr befruchtete Eizellen herstellen als implantiert werden, vertreten manche Menschen die Ansicht, dass nichts dagegen einzuwenden sei, solche Überzählige für die Forschung zu verwenden. Wenn die überschüssigen Embryonen ohnehin verworfen würden, so argumentieren sie, warum sie nicht (mit Zustimmung der Spender) für potentiell lebensrettende Forschung verwenden?

Für Politiker, die einen vertretbaren Kompromiss in der Stammzelldebatte suchen, übt diese Position erhebliche Anziehungskraft aus. Weil sie nur den Verbrauch überschüssiger Embryonen erlauben würde, scheint sie die moralische Beunruhigung über die Herstellung von Embryonen für die Forschung überwinden zu können. Diese Position wurde im Senat von Mehrheitsführer Bill Frist aus Tennessee, dem einzigen Arzt im Senat, vertreten, und in Massachusetts von Gouverneur Mitt Romney, der sein Parlament vergeblich ersucht hat, sie anzunehmen. Beide unterstützten Stammzellforschung mit übrig gebliebenen Embryonen, die zur Fortpflanzung erzeugt, aber nicht mit Embryonen, die für die Forschung hergestellt wurden.[7] Das Gesetz zur Finanzierung der Stammzellforschung, das der Kongress im Jahr 2006 verabschiedet (und Präsident Bush zurückgewiesen) hat, traf ebenfalls diese Unterscheidung; es hätte Stammzellforschung nur finanziert mit Embryonen, die bei Fruchtbarkeitsbehandlungen übrig geblieben sind.

Über ihre Anziehungskraft als ein politischer Kompromiss hinaus erscheint diese Unterscheidung auch moralisch vertretbar. Näherer Betrachtung hält sie jedoch nicht stand. Die Unterscheidung scheitert, weil sie die Frage offen lässt, ob »überzählige« Embryonen überhaupt hergestellt werden sollten. Um zu verstehen, dass das so ist, stelle man sich eine Fruchtbarkeitsklinik vor, die Ei- und Samenzellspenden für zweierlei Zwecke akzeptiert – Fortpflanzung und Stammzellforschung. Klonen kommt dabei nicht in Betracht. Die Klinik stellt zwei Gruppen von Embryonen her, eine von Ei- und Samenzellen, die für den Zweck der IVF gespendet wurden, die andere von Ei- und Samenzellen, die von Leuten gespendet wurden, die die Sache der Stammzellforschung voran bringen wollen.

Welche Gruppe von Embryonen darf ein moralischer Wissenschaftler für die Stammzellforschung nutzen? Diejenigen, die mit Frist und Romney einer Meinung sind, befinden sich in einer paradoxen Lage: Sie würden dem Wissenschaftler erlauben, überzählige Embryonen aus der ersten Gruppe zu verwenden (da sie für die Fortpflanzung erzeugt wurden und sonst verworfen würden), nicht aber aus der zweiten Gruppe (da sie absichtlich für die Forschung hergestellt wurden). In der Tat haben Frist und Romney beide versucht, die absichtliche Herstellung von Embryonen für Zwecke der Forschung in IVF-Kliniken zu verbieten.

Das paradoxe Szenario verdeutlicht die Schwäche der Kompromissposition: Diejenigen, die die Herstellung von Embryonen für die Stammzellforschung ablehnen, aber die Forschung an IVF-»Überzähligen« befürworten, versäumen es, die Moralität der In-vitro-Fertilisation selbst zu prüfen. Wenn es unmoralisch ist, Embryonen um des Heilens und Behandelns schrecklicher Krankheiten willen herzustellen und zu opfern, warum ist es nicht ebenso abzulehnen, überzählige Embryonen bei der Behandlung von Unfruchtbarkeit herzustellen und zu verwerfen? Oder, um das Argument von der Gegenseite her zu betrachten: Wenn die Herstellung und Opferung von Embryonen in der IVF moralisch vertretbar ist, warum ist die Herstellung und Opferung von Embryonen für die Stammzellforschung nicht ebenso vertretbar? Schließlich dienen beide Handlungen wertvollen Zielen, und das Heilen von Erkrankungen wie der Parkinsonschen Krankheit und Diabetes ist wenigstens so wichtig wie die Behandlung der Unfruchtbarkeit.

Diejenigen, die einen moralischen Unterschied erkennen zwischen der Opferung von Embryonen in der IVF und der Opferung von Embryonen in der Stammzellforschung, könnten wie folgt erwidern: Der Fruchtbarkeitsarzt, der überschüssige Embryonen herstellt, tut dies, um die Aussichten auf eine erfolgreiche Schwangerschaft zu erhöhen; er weiß nicht, welche Embryonen am Ende verworfen werden, und intendiert nicht deren

Tod. Aber der Wissenschaftler, der absichtlich einen Embryo für die Stammzellforschung herstellt, weiß, dass der Embryo sterben wird, denn, um die Forschung durchzuführen, muss der Embryo zerstört werden. Charles Krauthammer, der die Stammzellforschung an IVF-Überzähligen befürwortet, jedoch nicht an Embryonen, die für die Forschung hergestellt wurden, hat dies auf den Punkt gebracht: »Das Gesetz, das das Forschungsklonen legalisiert, erlaubt im Wesentlichen [...] ein höchst grausames Unternehmen: die Herstellung heranwachsenden menschlichen Lebens allein zu dem Zweck seiner Ausbeutung und Zerstörung.«[8]

Diese Erwiderung ist aus zwei Gründen nicht überzeugend. Erstens: Die Behauptung, die Herstellung von Embryonen für die Stammzellforschung sei nichts anderes als die Herstellung von Leben *für den Zweck*, es auszubeuten und zu zerstören, ist irreführend. Die Zerstörung des Embryos, das sei zugegeben, ist eine vorhersehbare Folge der Handlung, aber der Zweck ist, Krankheiten zu heilen. Diejenigen, die Embryonen für die Forschung herstellen, bezwecken nicht mehr deren Zerstörung und Ausbeutung als diejenigen, die Embryonen für Fruchtbarkeitsbehandlungen erzeugen, das Verwerfen der überzähligen bezwecken.[9]

Zweitens: Obwohl Fruchtbarkeitsärzte und deren Patienten nicht im Voraus wissen, welche der Embryonen, die sie herstellen, am Ende verworfen werden, bleibt doch die Tatsache, dass IVF, wie sie in den USA praktiziert wird, Zehntausende von überschüssigen Embryonen hervorbringt, die der Zerstörung anheim fallen.

(Eine neuere Studie hat ergeben, dass in amerikanischen Fruchtbarkeitskliniken rund 400 000 gefrorene Embryonen vor sich hin schwinden, dazu weitere 52 000 im Vereinigten Königreich und 71 000 in Australien.)[10] Es ist richtig: Sobald diese todgeweihten Embryonen existieren, »ist nichts dabei verloren«, wenn sie für die Forschung verbraucht werden.[11] Aber ob man sie überhaupt herstellen sollte, ist genauso eine Frage der politischen Entscheidung, wie die Herstellung von Embryonen für die Forschung zu erlauben. Deutsches Bundesrecht zum Beispiel reguliert Fruchtbarkeitskliniken und verbietet es Ärzten, mehr Eizellen zu befruchten, als in einem Zyklus eingepflanzt werden. Im Ergebnis erzeugen deutsche IVF-Kliniken keine überschüssigen Embryonen. Die Existenz einer riesigen Zahl todgeweihter Embryonen in den Kühltruhen von US-Fruchtbarkeitskliniken ist keine unveränderliche Tatsache, sondern die Folge einer Politik, die die gewählten Vertreter verändern könnten, wenn sie wollten. Bisher haben sich jedoch nur wenige von denen, die die Herstellung von Embryonen für die Forschung verbieten würden, dafür ausgesprochen, die Herstellung und Zerstörung von überschüssigen Embryonen in Fruchtbarkeitskliniken zu verbieten.

Wer auch immer recht hat, was den moralischen Status des Embryos betrifft, eine Sache ist klar: Gegner des Forschungsklonens können nicht beides haben. Sie können nicht die Herstellung und Zerstörung von überschüssigen Embryonen in Fruchtbarkeitskliniken oder den Verbrauch dieser Embryonen in der Forschung unterstützen und zugleich klagen, dass die Herstellung von

Embryonen für die Forschung und regenerative Medizin moralisch verwerflich ist. Wenn das Klonen zu Forschungszwecken den Respekt verletzt, der dem Embryo geschuldet ist, dann tut das auch jede Fruchtbarkeitsbehandlung, die überschüssige Embryonen herstellt und verwirft.

Diejenigen wie Senator Brownback, die eine konsistente Position gegen den Verbrauch embryonalen menschlichen Lebens einnehmen, haben wenigstens insoweit recht: Das moralische Argument für das Forschungsklonen und das für die Stammzellforschung an übrig gebliebenen Embryonen stehen oder fallen zusammen. Dies bringt uns zu der grundlegenden Frage, ob embryonale Stammzellforschung überhaupt erlaubt sein soll.

Der moralische Status des Embryos

Es gibt zwei Hauptargumente dagegen, die embryonale Stammzellforschung zu erlauben. Eines läuft darauf hinaus, dass die Stammzellforschung trotz ihrer hochrangigen Ziele falsch ist, weil damit die Zerstörung menschlicher Embyronen verbunden ist; das andere fußt auf der Befürchtung, dass die Forschung an Embryonen, auch wenn sie selbst nicht falsch sei, einen Dammbruch auslöst, der zu entmenschlichenden Praktiken wie Embryofarmen, geklonten Babys, dem Verbrauch von Föten als Ersatzteillieferanten und der zunehmenden Behandlung menschlichen Lebens als Ware führt.

Das Dammbruch-Argument ist ein praktisches, das Beachtung verdient. Aber seine Befürchtungen könnte man aufnehmen, indem man absichernde Regelungen einführt, um zu verhindern, dass die Embryonenforschung in Albtraum-Szenarien der Ausbeutung und des Missbrauchs abrutscht. Der erste Einwand ist jedoch philosophisch die größere Herausforderung. Ob er entscheidend ist, hängt davon ab, ob seine Auffassung vom moralischen Status des Embryos richtig ist.

Zunächst einmal ist es wichtig, sich über den Embryo, aus dem die Stammzellen gewonnen werden, im Klaren zu sein. Er ist kein Fötus. Er hat keine erkennbar menschlichen Merkmale oder Formen. Er ist kein Embryo, der in den Uterus einer Frau eingepflanzt wurde und dort heranwächst. Vielmehr ist er eine Blastozyste, ein Haufen von 180 bis 200 Zellen, die in einer Petrischale wachsen und mit dem bloßen Auge kaum sichtbar sind. Die Blastozyste stellt eine so frühe Stufe der Embryonalentwicklung dar, dass die Zellen, die sie enthält, sich noch nicht differenziert oder die Eigenschaften bestimmter Organe oder Gewebearten – Nieren, Muskeln, Rückenmark und so weiter – angenommen haben. Deswegen versprechen die Stammzellen, die aus der Blastozyste gewonnen werden, sich bei entsprechender Behandlung im Labor in jede beliebige Zelle, die ein Forscher untersuchen oder wiederherstellen will, zu entwickeln. Die moralische und politische Kontroverse ergibt sich aus der Tatsache, dass bei der Herstellung der Stammzellen die Blastozyste zerstört wird.

Um diese Kontroverse näher zu untersuchen, muss man damit beginnen, das ganze Gewicht der Behauptung zu erfassen, dass der Embryo einer Person, einem voll entwickleIten Menschen, moralisch gleichgestellt ist. Für diejenigen, die diese Auffassung teilen, ist die Herstellung von Stammzellen aus einer Blastozyste genauso moralisch verwerflich wie die Entnahme von Organen eines Babys, um anderer Menschen Leben zu retten. Manche gründen diese Behauptung auf den religiösen Glauben, dass die Beseelung mit der Befruchtung zusammenfällt. Andere verteidigen sie ohne Bezugnahme auf die Religion mithilfe der folgenden Argumentationskette:

> Menschen sind keine Sachen; ihr Leben darf nicht gegen ihren Willen geopfert werden, auch nicht um guter Ziele willen wie etwa, anderer Menschen Leben zu retten. Der Grund, warum Menschen nicht wie Sachen oder als bloße Mittel zum Zweck behandelt werden dürfen, ist, dass sie unverletzlich sind. Sie sind, um Kants Sprache zu borgen, Zwecke an sich selbst, der Achtung wert. Zu welchem Zeitpunkt erhalten wir diese Unverletzlichkeit? Wann wird das menschliche Leben der Achtung wert? Die Antwort kann nicht von Alter oder Entwicklungsstufe eines bestimmten menschlichen Lebens abhängen. Kleinstkinder sind eindeutig unverletzlich, und wenige Menschen würden es gutheißen, selbst einem Fötus Organe zur Transplantation zu entnehmen. Jeder Mensch – jeder von uns – begann sein Leben als Embryo. Wenn unser Leben einfach aufgrund unseres Menschseins der Achtung wert und folglich unverletzlich ist, wäre es ein Fehler zu glauben, dass wir in jüngeren Jahren oder auf einer früheren Entwicklungsstufe nicht der Achtung wert sind. Wenn wir

> keinen bestimmten Zeitpunkt des Verlaufs von der Befruchtung bis zur Geburt bestimmen können, der das Hervortreten der menschlichen Person markiert, müssen wir Embryonen so betrachten, als besäßen sie dieselbe Unverletzlichkeit wie voll entwickelte Menschen.

Ich werde versuchen zu zeigen, dass dieses Argument auf zwei Ebenen nicht zu überzeugen vermag: Seine Logik ist fehlerhaft, und es führt zu moralischen Implikationen, die selbst seine Vertreter zu akzeptieren schwierig finden. Bevor ich mich diesen Schwierigkeiten zuwende, will ich jedoch die Gültigkeit zweier Aspekte der Position eines gleichen moralischen Status anerkennen. Erstens weist sie zurecht die utilitaristische Sicht der Moral zurück, die Kosten und Nutzen ohne Rücksicht auf die Unverletzlichkeit von Personen abwägt. Zweitens lässt sich nicht bestreiten, dass es sich bei der Blastozyste um »menschliches Leben« handelt, jedenfalls in dem offensichtlichen Sinne, dass sie lebt und nicht tot ist und dass sie vom Menschen und nicht, sagen wir, von der Kuh stammt. Aber aus dieser biologischen Tatsache folgt nicht, dass die Blastozyste ein Mensch, eine Person, ist. Jede lebende menschliche Zelle (eine Hautzelle zum Beispiel) ist »menschliches Leben« in dem Sinne, dass sie vom Menschen und nicht von der Kuh stammt und dass sie lebt und nicht tot ist. Aber niemand hält eine Hautzelle für einen Menschen oder würde sie für unverletzlich erachten. Zu zeigen, dass eine Blastozyste ein Mensch, eine Person ist, bedarf weiterer Begründung.

Analyse des Arguments

Das Argument für die Position des gleichen moralischen Status beginnt mit der Beobachtung, dass jede Person einmal ein Embryo gewesen ist und dass es keine nicht-willkürliche Grenze zwischen Befruchtung und Erwachsenenalter gibt, die für uns bestimmen kann, wann das Personsein beginnt. Es behauptet weiter, wir sollten in Ermangelung einer solchen Grenze eine Blastozyste als Person betrachten, einem voll entwickelten Menschen moralisch gleichgestellt. Aber dieses Argument überzeugt aus verschiedenen Gründen nicht.[12]

Zuerst ein kleiner, aber nicht folgenloser Punkt: Obschon es stimmt, dass jeder von uns einmal ein Embryo gewesen ist, ist niemand von uns je eine geklonte Blastozyste gewesen. Auch wenn die Tatsache unseres embryonalen Ursprungs beweisen würde, dass Embryonen Personen sind, würde sie also nur die Stammzellforschung an Embryonen, die aus der Verschmelzung von Ei- und Samenzelle entstanden sind, verwerfen, nicht die Stammzellforschung an geklonten Embryonen. In der Tat haben manche Teilnehmer der Stammzelldebatte die Ansicht vertreten, dass geklonte Blastozysten streng genommen keine Embryonen, sondern biologische Artefakte (»Klonoten« und nicht Zygoten) sind, die nicht den moralischen Status natürlich gezeugter menschlicher Embryonen haben. Sie argumentieren, dass es folglich moralisch weniger beunruhigend ist, geklonte Embryonen für die Forschung zu gebrauchen als natürliche.[13]

Zweitens: Selbst wenn man die Frage der »Klonoten« beiseite lässt, beweist die Tatsache, dass jeder Mensch das Leben als Embryo begann, nicht, dass Embryonen Personen sind. Betrachen wir eine Analogie: Obwohl jede Eiche einmal eine Eichel war, folgt daraus nicht, dass Eicheln Eichen sind oder dass ich den Verlust einer Eichel, die von einem Eichhörnchen in meinem Vorgarten gefressen wurde, als dieselbe Sorte von Verlust behandeln sollte wie das Absterben einer Eiche, die vom Sturm umgeweht wurde.[14] Trotz ihrer Entwicklungskontinuität unterscheiden sich Eicheln und Eichen. Das tun auch menschliche Embryonen und Menschen, und zwar auf dieselbe Weise. Genau wie Eicheln potentielle Eichen sind, sind menschliche Embryonen potentielle Menschen. Die Unterscheidung zwischen realen und potentiellen Personen ist nicht ohne ethische Bedeutung. Sinneswesen stellen Ansprüche an uns, die Lebewesen ohne Sinnesbegabung nicht stellen; Wesen, die der Erfahrung und des Bewusstseins fähig sind, stellen wiederum höhere Ansprüche. Menschliches Leben entwickelt sich Schritt für Schritt.

Vertreter der Ansicht vom gleichen moralischen Status fordern ihre Gesprächspartner heraus, einen nichtwillkürlichen Moment im Verlauf der menschlichen Entwicklung zu bestimmen, zu dem das Personsein oder die Unverletzlichkeit einsetzt. Wenn der Embryo keine Person ist, genau wann werden wir dann zur Person? Das ist keine Frage, die eine einfache Antwort erlaubt. Viele Menschen verweisen auf die Geburt als den Zeitpunkt, der die Ankunft des Personseins markiert. Aber diese Antwort provoziert den Einwand, dass es doch gewiss falsch wäre, einen Fötus im Spätstadium um der medizinischen Forschung willen zu zerstückeln. (Jenseits der Unverletzlichkeit gibt es weitere Aspekte des Personseins – einen Namen zu haben zum Beispiel –, die sich, abhängig von der Kultur oder Tradition, zu verschiedenen Zeiten nach der Geburt entfalten.)

Die Schwierigkeit, den exakten Beginn des Personseins entlang des Entwicklungskontinuums zu bestimmen, zeigt noch nicht, dass Blastozysten Personen sind. Betrachten wir eine Analogie: Unterstellt, jemand fragte, wieviele Weizenkörner einen Haufen ausmachen? Ein Korn tut es nicht, auch nicht zwei oder drei. Die Tatsache, dass es keinen nicht-willkürlichen Punkt gibt, an dem die Zugabe eines weiteren Korns den Haufen erzeugt, bedeutet nicht, dass es zwischen einem Korn und einem Haufen keinen Unterschied gibt. Und es bietet uns auch keinen Grund zu folgern, dass ein Korn ein Haufen sein muss.

Das Problem, Punkte entlang eines Kontinuums zu bestimmen, das unter Philosophen auch als »Sorites-Paradox« bekannt ist, geht auf die griechische Antike zurück. (»Sorites« kommt von *soros*, dem griechischen Wort für »Haufen«.) Die Sophisten benutzten Sorites-Argumente im Bemühen, ihre Zuhörer davon zu überzeugen, dass zwei durch ein Kontinuum verbundene unterschiedliche Eigenschaften tatsächlich die selbe seien, auch wenn Intuition und gesunder Menschenverstand anderes nahelegten.[15] Kahlköpfigkeit ist ein klassisches Beispiel. Jeder würde zustimmen, dass ein Mann mit nur einem Haar auf seinem Kopf kahlköpfig ist. Welche Anzahl von Haaren markiert den Übergang von Kahlköpfigkeit zum vollen

Haarschopf? Obwohl es auf diese Frage keine bestimmte Antwort gibt, folgt daraus nicht, dass es zwischen Kahlköpfigkeit und einem vollen Haarschopf keinen Unterschied gibt. Dasselbe gilt für das menschliche Personsein. Die Tatsache der Entwicklungskontinuität von der Blastozyste über den implantierten Embryo und den Fötus zum neugeborenen Kind zeigt nicht, dass ein Baby und eine Blastozyste moralisch gesprochen ein und dasselbe sind.

Die Argumente vom embryonischen Ursprung und von der Entwicklungskontinuität erzwingen also nicht die Schlussfolgerung, dass die Blastozyste unverletzlich, das moralische Äquivalent einer Person, ist. Jenseits der Identifizierung der Fehler im Argument kann man die Position des gleichen moralischen Status von einem zweiten Standpunkt aus infrage stellen. Die vielleicht beste Weise, ihre mangelnde Plausibilität zu sehen, ist zu erkennen, dass sogar diejenigen, die sich auf sie berufen, zögern, sich alle ihre Implikationen zu eigen zu machen.

Den Implikationen nachgehen

Im Jahr 2001 verkündete Präsident Bush eine politische Entscheidung, die die Bundesfinanzierung auf bereits bestehende Stammzelllinien beschränkte, so dass keine Steuermittel die Zerstörung von Embryonen fördern oder unterstützen würden. Und im Jahr 2006 widersprach er einem Gesetz, das neue embryonale Stammzellforschung finanziert hätte, und erklärte, dass er »die Tötung unschuldigen menschlichen Lebens« nicht unterstützen wolle. Es ist jedoch ein auffälliges Merkmal der Position des Präsidenten, dass er trotz Beschränkungen bei der Finanzierung keine Anstrengung unternommen hat, die Stammzellforschung zu verbieten. Um ein Schlagwort eines früheren Präsidenten in einer verzwickten Lage aufzugreifen, könnte man die Politik von Bush zusammenfassen als: »Nicht finanzieren, nicht verbieten.« Aber eine solche Politik passt schwerlich zu dem Gedanken, dass der Embryo ein Mensch ist.

Wenn die Gewinnung von Stammzellen aus einer Blastozyste wirklich gleichzusetzen wäre mit der Entnahme von Organen eines Babys, dann wäre die moralisch verantwortliche Politik, sie zu verbieten, nicht nur, ihr die Bundesfinanzierung vorzuenthalten. Wenn es Ärzte gäbe, die regelmäßig Kinder töten, um an Organe für Transplantationen zu kommen, würde sich niemand auf den Standpunkt stellen, dass die Kindstötung von der Bundesfinanzierung ausgeschlossen sein sollte, im privaten Sektor aber fortgesetzt werden dürfe. Wenn wir nämlich wirklich davon überzeugt wären, dass embryonale Stammzellforschung einer Kindstötung gleichkäme, würden wir sie nicht nur verbieten, sondern als grausige Form des Mordens behandeln und Wissenschaftler, die sie durchführen, bestrafen.

Man könnte zur Verteidigung der Politik des Präsidenten anführen, dass der Kongress vermutlich ein totales Verbot der embryonalen Stammzellforschung nicht erlassen würde. Das erklärt aber nicht, warum der Präsident, wenn er Embryonen wirklich für Menschen hält, nicht wenigstens ein solches Verbot verlangt hat oder zumindest die Wissenschaftler aufgefordert hat, Stammzellforschung, die mit der Zerstörung von Embryonen einhergeht, zu unterlassen. Im Gegenteil, um die Vorzüge seines »ausgeglichenen Ansatzes« zu preisen, hat Präsident Bush die Tatsache erwähnt, dass »es kein Verbot der embryonalen Stammzellforschung gibt«.[16]

Die moralische Merkwürdigkeit der Bush-Position des »Nicht finanzieren, nicht verbieten« lässt den Patzer seines Sprechers völlig verständlich werden. Des Sprechers abwegige Aussage, der Präsident halte die Zerstörung von Embryonen für Mord, folgte schlicht der moralischen Logik des Gedankens, dass Embryonen Menschen sind. Es war nur deswegen ein Patzer, weil die Politik von Bush nicht allen Implikationen dieser Logik folgte.

Vertreter der Auffassung vom gleichen moralischen Status könnten einfach antworten, dass sie sich von Politikern distanzieren, die davor zurückschrecken, allen Implikationen ihrer Position nachzugehen, sei es, indem sie versäumen, die Stammzellforschung zu verbieten, oder versäumen, Fruchtbarkeitsbehandlungen zu verbieten, die überschüssige Embryonen erzeugen und verwerfen. Auch die prinzipientreuesten Politiker weichen dann und wann von ihren Grundsätzen ab; das betrifft wohl kaum ausschließlich diejenigen, die die Ansicht vertreten, dass Embryonen Menschen sind. Aber auch abgesehen vom politischen Geschäft, prinzipientreue Vertreter der Auffassung vom gleichen moralischen Status dürften sich schwer tun, alle Implikationen ihrer Position zu bejahen.

Betrachten wir den folgenden hypothetischen Fall (der, soviel ich weiß, zuerst von George Annas vorgetragen wurde)[17]: Angenommen, in einer Fruchtbarkeitsklinik bräche ein Feuer aus und Sie hätten Zeit, entweder ein fünfjähriges Mädchen oder ein Tablett mit zwanzig eingefrorenen Embryonen zu retten. Wäre es falsch, dass Mädchen zu retten? Ich bin bislang noch keinem Vertreter der Position des gleichen moralischen Status begegnet, der bereit ist zu sagen, sie oder er würden das Tablett mit Embryonen retten. Aber wenn Sie wirklich glaubten, dass jene Embryonen Menschen sind, und alle weiteren Umstände wären gleich (sprich: Sie hätten keine persönliche Beziehung zu dem Mädchen oder den Embryonen), mit welcher möglichen Begründung könnten Sie rechtfertigen, dass Mädchen zu retten?

Oder betrachten wir einen weniger hypothetischen Fall. Vor kurzem war ich Teilnehmer einer Stammzelldiskussion mit einem Vertreter der Auffassung, dass eine Blastozyste einem Baby moralisch gleichwertig sei. Nach unserem Meinungsaustausch trug ein Zuhörer eine persönliche Erfahrung vor. Er und seine Frau hatten durch IVF erfolgreich drei Kinder gezeugt. Sie hatten keinen Wunsch nach weiteren Kindern, aber drei brauchbare Embryonen waren übrig. Was, fragte er, sollten er und seine Frau mit diesen überschüssigen Embryonen tun?

Mein vom Recht auf Leben überzeugter Gesprächspartner antwortete, dass es falsch wäre, die Embryonen zu instrumentalisieren, indem man sie für die Stammzellforschung verwendet (und zerstört). Vorausgesetzt, niemand stehe zur Verfügung, der sie adoptieren würde, sei das einzig Richtige, sie in Würde sterben zu lassen. Unter der Voraussetzung, dass jene Embryonen Kindern moralisch gleichwertig sind, konnte ich seiner Schlussfolgerung nicht widersprechen. Wenn wir Gefangenen begegneten, die ungerechtfertigt dem Tod geweiht wären, wäre es nicht richtig zu sagen: »Lasst uns aus einer schlechten Situation das Beste machen und ihnen die Organe zur Transplantation entnehmen.«

Was ich an seiner Antwort rätselhaft fand, war nicht sein Unwille, die Verwendung der Embryonen für die Forschung einzuräumen, sondern sein Zögern, alle Implikationen seiner Position zu artikulieren. Wenn jene Embryonen wirklich junge Menschen sind, dann wäre die ehrliche Antwort, dem Frager zu erklären, dass das, was er und seine Frau durch das Herstellen und Verwerfen jener Embryonen getan haben, nichts weniger sei, als drei überflüssige Geschwister ihrer Kinder zu erzeugen und dann die unerwünschten Geschwister zum Sterben durch Erfrieren im Gebirge (oder in einem Gefrierraum) zurückzulassen. Wenn diese Beschreibung jedoch moralisch passend ist – wenn die 400 000 überschüssigen Embryonen, die man in US-Fruchbarkeitskliniken eingefrorenen hat, wie Neugeborene sind, die man zum Sterben im Gebirge zurücklässt – warum setzen sich die Gegner der Stammzellforschung dann nicht an die Spitze einer Bewegung mit dem Ziel zu beenden, was sie als ungezügelte Kindstötungen betrachten müssen?

Diejenigen, die Embryonen für Personen halten, könnten antworten, dass sie Fruchtbarkeitsbehandlungen, die Embryonen herstellen und verwerfen, tatsächlich ablehnen, aber dass sie wenig Aussicht haben, diese Praxis zu verbieten. Aber die volle Wirkung ihrer Position weist über die Sorge um Embryonen, die bei der IVF verloren werden, hinaus. Vetreter der IVF verweisen darauf, dass die Rate des Embryonenverlusts in der assistierten Reproduktion tatsächlich geringer ist als bei der natürlichen Schwangerschaft, bei der mehr als die Hälfte aller befruchteten Eizellen sich entweder nicht einnisten oder auf andere Weise verloren werden. Diese Tatsache hebt eine weitere Schwierigkeit der Ansicht, die Embryonen mit Personen gleichsetzt, hervor. Wenn der Tod früher Embryonen eine verbreitete Erscheinung natürlicher Fortpflanzung ist, sollten wir uns vielleicht weniger Gedanken über den Verlust von Embryonen bei Fruchtbarkeitsbehandlungen und in der Stammzellforschung machen.[18]

Diejenigen, die Embryonen als Personen betrachten, antworten zurecht, dass eine hohe Rate der Kindersterblichkeit die Kindstötung nicht rechtfertigen würde. Aber wie wir auf den natürlichen Embryonenverlust reagieren, legt nahe, dass wir dieses Ereignis nicht als moralisches oder religiöses Äquivalent eines Kindstodes ansehen. Selbst die religiösen Traditionen, die sich um heranwachsendes menschliches Leben die meisten Sorgen machen, verlangen nicht die selben Bestattungsriten für den Verlust eines Embryos wie für den Tod eines Kindes. Mehr noch, wenn der Embryonenverlust, der mit der natürlichen Fortpflanzung einhergeht, das moralische Äquivalent eines Kindstodes wäre, dann müsste man Schwangerschaft als öffentliche Gesundheitskrise von epidemischen Ausmaßen betrachten; den natürlichen Embryonenverlust zu verringern, wäre eine dringlichere moralische Aufgabe als Schwangerschaftsabbruch, In-vitro-Fertilisation und Stammzellforschung zusammen. Aber wenige, die wegen dieser bekannten Fälle aufgebracht sind, beginnen ambitionierte Kampagnen oder forschen nach neuen Technologien, um den Embryonenverlust bei natürlichen Schwangerschaften zu verhindern oder zu verringern.

Die Rechtfertigung von Respekt

Wenn ich die Ansicht kritisiere, die Embryonen als Menschen betrachtet, lege ich nicht nahe, dass Embryonen bloße Sachen sind, für jede Verwendung verfügbar, die wir uns wünschen oder ausdenken. Embryonen sind nicht unverletzlich, aber sie sind auch nicht Gegenstände unserer Verfügung. Diejenigen, die Embryonen als Personen betrachten, nehmen häufig an, die einzige Alternative sei, ihnen mit moralischer Gleichgültigkeit zu begegnen. Aber man muss den Embryo nicht als vollen Menschen ansehen, um ihm einen gewissen Respekt zu zollen. Einen Embryo als bloße Sache zu betrachten, verfehlt seine Bedeutung als potentielles menschliches Leben. Wenige würden die beliebige Zerstörung von Embryonen erlauben oder den Verbrauch von Embryonen für den Zweck der Entwicklung einer neuen Kosmetiklinie. Aber der Gedanke, dass menschliche Embryonen nicht wie bloße Gegenstände behandelt werden sollen, beweist nicht, dass sie Personen sind.

Personsein ist nicht die einzige Rechtfertigung für Respekt. Wenn ein exzentrischer Milliardär van Goughs *Sternennacht* kaufen und als Türabstreifer benutzen würde, wäre eine solcher Gebrauch eine Art Sakrileg, ein skandalöser Mangel an Respekt – nicht weil wir das Gemälde als

Person betrachten, sondern weil es als großes Kunstwerk eine höhere Form der Wertchätzung verdient als bloßen Gebrauch. Wir erachten es ebenfalls als einen Akt der Respektlosigkeit, wenn ein gedankenloser Wanderer seine Initialen in einen alten Mammutbaum ritzt – nicht weil wir den Mammutbaum als Person betrachten, sondern weil wir ihn für ein Naturwunder halten, das Wertschätzung und Bewunderung verdient. Den alten gewachsenen Wald zu achten, heißt nicht, dass nie ein Baum für menschliche Zwecke gefällt oder geerntet werden darf. Den Wald zu respektieren, kann damit vereinbar sein, ihn zu nutzen. Aber die Zwecke sollten gewichtig und der wunderbaren Natur der Sache angemessen sein.

Die Überzeugung, dass der Embryo eine Person ist, findet Unterstützung nicht nur durch bestimmte religiöse Lehren, sondern auch aus der kantischen Annahme, dass das moralische Universum binär aufgeteilt ist: Etwas ist entweder eine Person, wert des Respekts, oder eine Sache, verfügbar zum Gebrauch. Aber wie die Beispiele des van Gogh und Mammutbaumes nahelegen, ist dieser Dualismus überzogen.

Der Weg, die instrumentalisierenden Tendenzen moderner Technologie und Ökonomie zu bekämpfen, liegt nicht darin, auf eine Alles-oder-nichts-Ethik des Respekts für Personen zu bestehen, die den Rest des Lebens einem utilitaristischen Kalkül überlässt. Solch eine Ethik riskiert, jede moralische Frage in einen Kampf über die Grenzen des Personseins zu verwandeln. Wir täten besser daran, eine größere Wertschätzung des Lebens als einer Gabe, die unsere Ehrfurcht verlangt und unsere Nutzung beschränkt, zu pflegen. Genetische Zurichtung zur Herstellung von Designer-Babys ist der krasseste Ausdruck des Hochmuts, der den Verlust der Ehrfurcht für das Leben als Gabe kennzeichnet. Aber Stammzellforschung unter Verwendung von nicht eingepflanzten Blastozysten und mit dem Ziel, schwere Krankheiten zu heilen, ist ein hochrangiges Unterfangen unseres menschlichen Einfallsreichtums bei der Förderung von Heilung und der Leistung unseres Beitrag zur Wiederherstellung der gegebenen Welt.

Diejenigen, die vor Dammbrüchen, Embryofarmen und der Verwandlung von Eizellen und Zygoten in Handelsware warnen, liegen richtig, wenn sie sich sorgen, aber falsch, wenn sie annehmen, dass uns die Embryonenforschung notwendig diesen Gefahren aussetzt. Statt die embryonale Stammzellforschung und das Forschungsklonen zu verbieten, sollten wir ihnen erlauben voranzuschreiten, und zwar nach Regeln, die die moralische Zurückhaltung verkörpern, die dem Geheimnis des ersten Erwachens menschlichen Lebens angemessen ist. Solche Regeln sollten ein Verbot des reproduktiven Klonens von Menschen, vernünftige zetiliche Grenzen für das Heranwachsen eines Embryos im Labor, Lizenzbedingungen für Fruchtbarkeitskliniken, Beschränkungen beim Handel mit Ei- und Samenzellen sowie eine Stammzellbank, die verhindert, dass privatwirtschaftliche Interessen den Zugang zu Stammzelllinien monopolisieren, beinhalten. Dieser Ansatz, so scheint mir, bietet die beste Hoffnung, die beliebige Nutzung heranwachsenden menschlichen Lebens zu vermeiden und den biomedizinischen Fortschritt zu einem Segen für die Gesundheit und nicht zu einem Schritt in Richtung Erschütterung unserer menschlichen Haltungen zu machen.

Anmerkungen

1. Kapitel

1 Margarette Driscoll, »Why we chose deafness for our children«, *Sunday Times* (London), 14. April 2002. Siehe auch Liza Mundy, »A world of their own«, *Washington Post*, 31. März 2002, S. W22.
2 Driscoll, »Why we chose deafness«.
3 Siehe Gina Kollata, »$ 50,000 offered to tall, smart egg donor«, *New York Times*, 3. März 1999, S. A10.
4 Alan Zarembo, »California company clones a woman's cat für $50,000«, *Los Angeles Times*, 23. Dezember 2004.
5 Siehe Internetseite der Firma *Genetic Savings & Clone* unter http://www.savingsandclone.com; Zarembo, »California company clones a woman's cat«.
6 Der Ausdruck »wohler als gesund« (im Englischen »better than well«) stammt von Carl Elliott, *Better than well: American medicine meets the American dream*, New York 2003, der wiederum zitiert Peter D. Kramer, *Listening to Prozac*, überarbeitete Ausgabe, New York 1997.
7 E. M. Swift und Don Yaeger, »Unnatural selection«, *Sports Illustrated*, 14. Mai 2001, S. 86; H. Lee Sweeney, »Gene Doping«, *Scientific American*, Juli 2004, S. 62–69.
8 Richard Sandomir, »Olympics: Athletes may next seek genetic enhancement«, *New York Times*, 21. März 2002, S. 6.
9 Rick Weiss, »Mighty smart mice«, *Washington Post*, 2. September 1999, S. A1; Richard Saltus, »Altered genes produce smart mice, tough questions«, *Boston Globe*, 2. September 1999, S. A1; Stephen S. Hall, »Our memories, our selves«, *New York Times Magazine*, 15. Februar 1998, S. 26.
10 Hall, »Our memories, our selves«, S. 26; Robert Langreth, »Viagra for the brain«, *Forbes*, 4. Februar 2002; David Tuller, »Race is on for a pill to save the memory«, *New York Times*,

29. Juli 2003; Tim Tully et al., »Targeting the CREB pathway for memory enhancers«, *Nature* 2 (April 2003), S. 267-277; www.memorypharma.com.

11 Ellen Barry, »Pill to ease memory of trauma envisioned«, *Boston Globe*, 18. November 2002, S. A1; Robin Maranz Hanig, »The quest to forget«, *New York Times Magazine*, 4. April 2004, S. 32–37; Gaia Vince, »Rewriting your past«, *New Scientist*, 3. Dezember 2005, S. 32.

12 Marc Kaufman, »FDA approves wider use of growth hormone«, *Washington Post*, 26. Juli 2003, S. A12.

13 Patricia Callhan und Leila Abboud, »A new boost for short kids«, *Wall Street Journal*, 11. Juni 2003.

14 Kaufman, »FDA approves wider use of growth hormone«; Melissa Healy, »Does shortness need a cure?«, *Los Angeles Times*, 11. August 2003.

15 Callahan und Abboud, »A new boost for short kids«.

16 Talmud, Niddah 31b, zitiert nach Miryam Z. Wahrman, *Brave new judaism: When science and scripture collide*, Hanover 2002, S. 126; Meredith Wadman, »So you want a girl?« *Fortune*, 19. Februar 2001, S. 174; Karen Springen, »The ancient art of making Babys«, *Newsweek*, 26. Januar 2004, S. 51.

17 Susan Sachs, »Clinics' pitch to Indian emigrés: it's a boy«, *New York Times*, 15. August 2001, S. A1; Seema Sirohi, »The vanishing girls of India«, *Christian Science Monitor*, 30. Juli 2001, S. 9; Mary Carmichael, »No girls, please«, *Newsweek*, 26. Januar 2004; Scott Baldauf, »India's ›girl deficit‹ deepest among educated«, *Christian Science Monitor*, 13. Januar 2006, S. 1; Nicholas Eberstadt, »Choosing the sex of children: demographics«, presentation to President's Council on Bioethics, 17. Oktober 2002, unter www.bioethics.gov/transcripts/oct02/session 2html; B. M. Dickens, »Can sex selection be ethically tolerated?«, *Journal of Medical Ethics* 28, Dezember 2002, S. 335–336; »Quiet genocide: declining child sex ratios«, *Statesman* (India), 17. Dezember 2001.

18 Siehe Internetseite des *Genetics & IVF*-Instituts unter www.mi-

crosort.net; siehe auch Meredith Waldman, »So you want a girl?«; Lisa Belkin, »Getting the girl«, *New York Times Magazine*, 25. Juli 1999; Claudia Kalb, »Brave new Babys«, *Newsweek*, 26. Januar 2004, S. 45–52.

19 Felicia R. Lee, »Engineering more sons than daughters: will it tip the scales towards war?«, *New York Times*, 3. Juli 2004, S. B7; David Glenn, »A dangerous surplus of sons?«, *Chronicle of Higher Education*, 30. April 2004, S. A14; Valerie M. Hudson und Andrea M. den Boer, *Bare branches: Security implicationsof Asia's surplus male population*, Cambridge, MA 2004.

20 Siehe www.microsort.net.

2. Kapitel

1 Aus diesem Grunde teile ich nicht die Hauptstoßrichtung der Analyse der Leistungsoptimierung in *Beyond therapy: Biotechnology and the pursuit of happiness. A Report of the President's Council on Bioethics*, Washington, DC: 2003, S. 123–156, unter http://www.bioethics.gov/reports/beyondtherapy/index.html

2 Hank Gola, »Fore! Look out for Lasik«, *Daily News*, 28. Mai 2002, S. 67.

3 Siehe Malcolm Gladwell, »Drugstore athlete«, *New Yorker*, 10. September 2001, S. 52, und Neal Bascomb, *The perfect mile*, London 2004.

4 Siehe Andrew Tilin, »The post-human race«, *Wired*, August 2002, S. 82–89, 130f., und Andrew Kramer, »Looking high and low for winners«, *Boston Globe*, 8. Juni 2003.

5 Siehe Matt Seaton und David Adam, »If this year's Tour de France is 100 % clean, then that will vertainly be a first«, *Guardian*, 3. Juli 2003, S. 4, und Gladwell, »Drugstore athlete«.

6 Gina Kolata, »Live at altitude: Sure. Sleep there? Not so sure«, *New York Times*, 26. Juli 2006, S. C12; Christa Case, »Athlete tent gives druglike boost. Should it be legal?«, *Christian Science Monitor*, 12. Mai 2006. Ich danke Thomas H. Murray, dem

Vorsitzenden des Ethikausschusses der Welt Anti-Doping-Agentur, für die Überlassung des WADA-Papiers »WADA note on artificially induced hypoxic conditions«, 24. Mai 2006.

7 Selena Roberts, »In the NFL, wretched excess is the way to make the roster«, *New York Times*, 1. August 2002, S. A21, A23.

8 Ebd., S. A23.

9 Ich schulde Leon Kass Dank für den Hinweis auf dieses Beispiel.

10 Siehe Blair Tindall, »Better playing through chemistry«, *New York Times*, 17. Oktober 2004.

11 Anthony Tommasini, »Pipe down! We can hardly hear you«, *New York Times*, 1. Januar 2006, S. AR1, AR25.

12 Ebd., S. AR25.

13 Ebd.

14 G. Pascal Zachary, »Steroids for everyone!«, *Wired*, April 2004.

15 *PGA Tour Inc. vs. Casey Martin*, 532 U.S. 661 (2001). Abweichende Meinung von Richter Scalia unter 699–701.

16 Hans Ulrich Gumbrecht verweist auf einen ähnlichen Punkt, wenn er sportliche Qualität als Ausdruck von beachtenswerter Schönheit beschreibt. Siehe Gumbrecht, *In praise of athletic beauty*, Cambridge, MA 2006. Tony LaRussa, einer der größten Manager im Baseball, verwendet die Kategorie des Schönen für Spielzüge, die die Feinheiten des Spiels erfassen: »Schön. Einfach schönes Baseball«, zitiert in Nuzz Bissinger, *Three nights in August*, Boston 2005, S. 2, 216 f., 253.

3. Kapitel

1 William F. Mays Bemerkungen im *President's Council on Bioethics*, 17. Oktober 2002, unter http://bioethicsprint.bioethics.gov/transcripts/oct02/session2.html.

2 Julian Savulescu, »New breeds of humans: The moral obligation to enhance«, *Ethics, Law and Moral Philosophy of Reproductive Medicine* 1, Nr. 1, März 2005, S. 36–39; Julian Savulescu, »Why

I believe parents are morally obliged to genetically modify their children«, *Times Higher Education Supplement*, 15. November 2004, S. 16.

3 William F. Mays Bemerkungen im *President's Council on Bioethics*, 17. Januar 2002, unter www.bioethics.gov/transcripts/jan02/jansessionintro.html. Siehe auch William F. May, »The President's Council on Bioethics: My take on some of its deliberations«, *Perspectives in Biology and Medicine* 48, Frühjahr 2005, S. 230f.

4 Ebd.

5 Siehe Alvin Rosenfeld und Nicole Wise, *Hyper-parenting: Are you hurting your child by trying too hard?*, New York 2000.

6 Robin Finn, »Tennis: Williamses are buckled in and rolling, at a safe pace«, *New York Times*, 14. November 1999, Sektion 8, S. 1; Steve Simmons, »Tennis champs at birth«, *Toronto Sun*, 19. August 1999, S. 95.

7 Dale Russakoff, »Okay, soccer moms and dads: time out!«, *Washington Post*, 25. August 1998, S. A1; Jill Young Miller, »Parents, behave! Soccer moms and dads find themselves graded on conduct, ordered to keep quiet«, *Atlanta Journal and Constitution*, 9. Oktober 2000, S. 1D; Tatsha Robertson, »Whistles blow for alpha families to call a timeout«, *Boston Globe*, 26. November 2004, S. A1.

8 Bill Pennington, »Doctors see a big rise in injuries as young athletes train nonstop«, *New York Times*, 22. Februar 2005, S. A1, C19.

9 Tamar Lewin, »Parents' role is narrowing generation gap on campus«, *New York Times*, 6. Januar 2003, S. A1.

10 Jenna Russell, »Fending off the parents«, *Boston Globe*, 20. November 2002, S. A1; siehe auch Marilee Jones, »Parents get too aggressive on admissions«, *USA Today*, 6. Januar 2003, S. 13A; Barbara Fitzgerald, »Helicopter parents«, *Richmond Alumni Magazine*, Winter 2006, S. 20–23.

11 Judith R. Shapiro, »Keeping parents off campus«, *New York Times*, 22. August 2002, S. 23.

12 Liz Marlantes, »Prepping for the test«, *Christian Science Monitor*, 2. November 1999, S. 11.

13 Marlon Manuel, »SAT Prep game not a trivial pursuit«, *The Atlanta Journal-Constitution*, 8. Oktober 2002, S. 1E.

14 Jane Gross, »Paying for a disability diagnosis to gain time on college boards«, *New York Times*, 26. September 2002, S. A1.

15 Robert Worth, »Ivy league fever«, *New York Times*, 24. September 2000, Sektion 14WC, S. 1; Anne Field, »A guide to lead you through the college maze«, *Business Week*, 12. März 2001.

16 Siehe die Webseite des Unternehmens www.ivywise.com; Liz Willen, »How to get Holly into Harvard«, *Bloomberg Markets*, September 2003.

17 Cohen zitiert in David L. Kirp und Jeffrey T. Holman, »This little student went to market«, *American Prospect*, 7. Oktober 2002, S. 29.

18 Robert Worth, »For $ 300 an hour, advice on courting elite schools«, *New York Times*, 25. Oktober 2000, S. B12; Jane Gross, »Right school for 4-year-old? Find an adviser«, *New York Times*, 28. Mai 2003, S. A1.

19 Emily Nelson und Laurie P. Cohen, »Why Jack Grubman was so keen to get his twins into the Y«, *Wall Street Journal*, 15. November 2002, S. A1; Jane Gross, »No talking out of preschool«, *New York Times*, 15. November 2002, S. B1.

20 Constance L. Hays, »For some parents, it's never too early for SAT prep«, *New York Times*, 20. Dezember 2004, S. C2; Worth, »For $ 300 an hour«.

21 Marjorie Coeyman, »Childhood achievement test«, *Christian Science Monitor*, 17. Dezember 2002, S. 11, die eine Studie der Universität von Michigan zitiert; Kate Zernike, »No time for napping in today's kindergarten«, *New York Times*, 23. Oktober 2000, S. A1; Susan Brenna, »The littlest test takers«, *New York Times Education Life*, 9. November 2003, S. 32.

22 Siehe Lawrence H. Diller, *Running on Ritalin: A physician reflects on children, society, and performance in a pill*, New York 1998; Lawrence H. Diller, *The last normal child*, New York 2006; Gardiner Har-

ris, »Use of attention-deficit drugs is found to soar among adults«, *New York Times*, 15. September 2005. Die Zahlen zur Ritalin- und Amphetamin-Produktion entstammen *Metylphenidate Annual Production Quota* (1990–2005) und *Amphetamine Annual Production Quota* (1990–2005), Büro für öffentliche Angelegenheiten, Betäubungsmittelüberwachung, Justizverwaltung, Washington, DC 2005, zitiert nach Diller, *The last normal child*, S. 22, 132 f.

23 Susan Okie, »Behavioral drug use in toddlers up sharply«, *Washington Post*, 23. Februar 2000, S. A1 zitiert eine Studie von Julie Magno Zito im *Journal of the American Medical Association*, Februar 2000. Siehe auch Sheryl Gay Stolberg, »Preschool meds«, *New York Times Magazine*, 17. November 2002, S. 59; Erica Goode, »Study finds jump in children taking psychiatric drugs«, *New York Times*, 14. Januar 2003, S. A21; Andrew Jacobs, »The Adderall advantage«, *New York Times Education Life*, 31. Juli 2005, S. 16.

4. Kapitel

1 Siehe Daniel J. Kevles' gelungene Geschichte der Eugenik, *In the name of eugenics*, Cambridge, MA 1995, S. 3-19.

2 Francis Galton, *Hereditary genius: An inquiry into its laws and consequences*, London 1869, S. 1; zitiert nach Kevles, *In the name of eugenics*, S. 4.

3 Francis Galton, *Essays in eugenics*, London 1909, S. 42.

4 Charles B. Davenport, *Heredity in relation to eugenics*, New York 1911 (Neuauflage New York 1972), S. 271; zitiert nach Edwin Black, *War against the weak*, New York 2003, S. 45; siehe auch Kevles, *In the name of eugenics*, S. 41–56.

5 Brief von Theodore Roosevelt an Charles B. Davenport vom 3. Januar 1913, zitiert nach Black, *War against the weak*, S. 99; siehe allgemein Black, *War against the weak*, S. 93–105, und Kevles, *In the name of eugenics*, S. 85-95.

6 Margaret Sanger, zitiert nach Kevles, *In the name of eugenics*, S. 90; siehe auch Black, *War against the weak*, S. 125–144.

7 Kevles, *In the name of eugenics*, S. 61–63, 89.

8 Ebd., S. 100, 107–112; Black, *War against the weak*, S. 117–123; *Buck v. Bell*, 274 U.S. (1927).

9 Adolf Hitler, *Mein Kampf*, München [28]1933, Bd. 1, Kapitel 10, S. 279 f.

10 Black, *War against the weak*, S. 300–302.

11 Kevles, *In the name of eugenics*, S. 169; Black, *War against the weak*, S. 400.

12 Lee Kwan Yew, »Talent for the future«, Rede zum Nationalfeiertag am 14. August 1983, zitiert nach Saw Swee-Hock, *Population policies and programmes in Singapore*, Singapur 2005, S. 243–249 (Anhang A), wieder abgedruckt unter www.yayapapayaz.com/ringisei/2006/07/11/ndr1983/

13 C. K. Chan, »Eugenics on the rise: a report from Singapore«, in: Ruth F. Chaadwick (Hg.), *Ethics, reproduction, and genetic control*, London 1994, S. 164–171. Siehe auch Dan Murphy, »Need a mate? In Singapore, ask the government«, *Christian Science Monitor*, 26. Juli 2002, S. 1.

14 Sara Webb, »Pushing for Babys: Singapore fights fertility decline«, *Reuters*, 26. April 2006, unter http://www.singapore-window.org/

15 Mark Henderson, »Let's cure stupidity, says DANN pioneer«, *Times*, London, 23. Februar 2003, S. 13.

16 Steve Boggan, »Nobel Prize winner backs abortion ›for any reason‹«, *Independent*, London, 17. Februar 1997, S. 7.

17 Gina Kolata, »$ 50,000 offered to tall, smart egg donor«, *New York Times*, 3. März 1999, S. A10; Carey Goldberg, »Egg auction on internet is drawing high scrutiny«, *New York Times*, 28. Oktober 1999, S. A26.

18 Graham, zitiert nach David Plotz, »The better baby business«, *Slate*, 13. März 2001, unter http://www.slate.com/id/102374/

19 David Plotz, »The myth of the nobel sperm bank«, *Slate*,

23. Februar 2001, unter http://www.slate.com/id/101318/; und Plotz, »The better baby business«. Siehe auch Kevles, *In the name of eugenics*, S. 262 f.

20 An dieser Stelle schulde ich meinen Dank der wertvollen Darstellung der *Cryobank* in David Plotz, »The rise of the smart sperm shopper«, *Slate*, 20. April 2001, unter http://www.slate.com/id/104633/.

21 Rothman, zitiert nach Plotz, »The rise of the smart sperm shopper«. Zu den Anforderungen an die Samenspender und ihrer Vergütung siehe die Webseite von *Cryobank* unter http://www.cryobank.com/index.cfm?page=35. Siehe auch Sally Jacobs, »Wanted: smart sperm«, *Boston Globe*, 12. September 1993, S. 1.

22 Nicholas Agar, »Liberal eugenics«, *Public Affairs Quarterly* 12, Nr. 2, April 1998, S. 137. Wieder in: Helga Kuhse und Peter Singer (Hg.), *Bioethics: An anthology*, Oxford 1999, S. 171.

23 Allen Buchanan et al., *From chance to choice: genetics and justice*, Cambridge 2000, S. 27–60, 156–191, 304345.

24 Ronald Dworkin, »Playing God: genes, clones, and luck«, in: ders., *Sovereign virtue*, Cambridge, MA 2000, S. 452.

25 Robert Nozick, *Anarchy, state, and utopia*, New York 1974, S. 315.

26 John Rawls, *A theory of justice*, Cambridge, MA 1971, S. 107 f.

27 Ich danke David Grewal für eine erhellende Diskussion zu diesem Punkt.

28 Die Wendung stammt von Joel Feinberg, »The child's right to an open future«, in: W. Aiken und H. LaFolette (Hg.), *Whose child? Children's rights, parental authority, and state power*, Totowa 1980. Sie wird in Verbindung mit der liberalen Eugenik verwendet in Buchanan et al., *Form chance to choice*, S. 170–176.

29 Buchanan et al., *From chance to choice*, S. 174.

30 Dworkin, »Playing God: genes, clones and luck«, S. 452.

31 Jürgen Habermas, *Die Zukunft der menschlichen Natur. Auf dem Weg zu einer liberalen Eugenik?* Erweiterte Ausgabe, Frankfurt [4]2002, S. 9, 12 f.

32 Ebd., S. 109.

33 Ebd., S. 45.

34 Ebd., S. 110–112.

35 Ebd., S. 101–104. Arendts Diskussion von Natalität und menschlichem Handeln findet sich in Hannah Arendt, *The human condition*, Chicago 1958, S. 8 f., 177 f., 247.

36 Ebd., S. 127

37 Der Gedanke, dass Abhängigkeit von einer unpersönlichen Macht die Freiheit weniger beeinträchtigt als Abhängigkeit von einer anderen Person, hat eine Parallele in Jean-Jacques Rousseaus Gesellschaftsvertrag: »Wenn sich schließlich jeder allen hingibt, gibt er sich damit niemandem hin …« Siehe Jean-Jacques Rousseau, *Der Gesellschaftsvertrag*, übersetzt von Hermann Denhardt und Werner Bahner, Buch I, Kapitel VI, Leipzig 1984, S. 49.

5. Kapitel

1 Tom Verducci, »Getting amped: popping amphetamins or other stimulants is part of many players' pregame routine«, *Sports Illustrated*, 3. Juni 2002, S. 38.

2 Siehe Amy Harmon, »The problem with an almost-perfect genetic world«, *New York Times*, 20. November 2005; Amy Harmon, »Burden of knowledge: tracking prenatal health«, *New York Times*, 20. Juni 2004; Elizabeth Weil, »A wrongful birth?«, *New York Times*, 12. März 2006. Zu den komplexen moralischen Fragen im Zusammenhang pränataler Untersuchungen siehe Erik Parens und Adrienne Asch (Hg.), *Prenatal testing and disability rights*, Washington, DC 2000.

3 Siehe Laurie McGinley, »Senate approves bill banning bias based on genetics«, *Wall Street Journal*, 15. Oktober 2003, S. D11.

4 Siehe John Rawls, *A theory of justice*, Cambridge, MA 1971, S. 72–75, 102–105.

5 Diesen Einwand gegen mein Argument erheben, aus unter-

schiedlichen Blickwinkeln, Carson Strong in »Lost in translation«, *American Journal of Bioethics* 5, Mai/Juni 2005, S. 29–31, und Robert P. George in einer Diskussion während einer Sitzung des *President's Council on Bioethics* am 12. Dezember 2002 (Wortprotokoll unter http://www.bioethics.gov/transcripts/dec02/session4.html).

6 Für eine erhellende Diskussion darüber, wie moderne Selbstverständnisse sich im komplexer Weise unausdrücklich auf moralische Quellen stützen, siehe Charles Taylor, *Sources of the Self*, Cambridge, MA 1989.

7 Siehe Frances M. Kamm, »Is there a problem with enhancement?«, *American Journal of Bioethics* 5, Mai/Juni 2005, S. 1–10; in einer überlegten Kritik einer früheren Variante meines Arguments versteht Kamm, was ich den »Drang« oder die »Disposition« zur Beherrschung nenne, als Wunsch oder Motiv einzelner Handelnder und argumentiert, dass, nach einem solchen Wunsch zu handeln, das Optimieren nicht unerlaubt macht.

8 Ich danke Patrick Andrew Thomson für die Diskussion dieses Punktes in seiner Examensarbeit »Enhancement and reflection: Korsgaard, Heidegger, and the foundations of ethical discourse«, Harvard University, 3. Dezember 2004; siehe auch Jason Robert Scott, »Human dispossession and human enhancement«, *American Journal of Bioethics* 5, Mai/Juni 2005, S. 27 f.

9 Siehe Isaiah Berlin, »John Stuart Mill and the end of life«, in: Berlin, *Four essays on liberty*, London 1969, S. 193, wo er Kant zitiert: »Aus dem krummen Holz der Menschheit ist nie je etwas Gerades gemacht worden.«

10 Robert L. Sinsheimer, »The prospect of designed genetic change«, *Engineering and Science Magazine*, April 1969, wieder abgedruckt in Ruth F. Chadwick (Hg.), *Ethics, reproduction and genetic control*, London 1994, S. 144 f.

11 Ebd., S. 145.

12 Ebd., S. 145 f.

Epilog

1 »President discusses stem cell research policy«, Office of the Press Secretary, the White House, 19. Juli 2006, unter http://www.whitehouse.gov/news/releases/2006/07/20060719-3.html; George W. Bush, »Message to the House of Representatives«, Office of the Press Secretary, the White House, 19. Juli 2006, unter http://www.whitehouse.gov/news/releases/2006/07/20060719-5.html.

2 Pressekonferenz von Tony Snow, Office of the Press Secretary, The White House, 18. Juli 2006, unter http://www.whitehouse.gov/news/releases/2006/07/20060718.html; Pressekonferenz von Tony Snow, Office of the Press Secretary, the White House, 24. Juli 2006, unter http://www.whitehouse.gov/news/releases/2006/07/20060724-4.html; Peter Baker, »White House softens tone on embryo use«, *Washington Post*, 25. Juli 2006, S. A7.

3 Die britische Gesetzgebung, den *Human Reproductive Cloning Act* 2001, findet man unter http://www.opsi.gov.uk/acts/acts2001/20010023htm

4 Senator Sam Brownback, Aussage vor dem *Senate Appropriations Labor, HHS, and Education Subcommittee*, Washington, DC, 26. April 2000, zitiert nach: S. Brownback, »Brownback opposes embryonic stem cell research at hearing today«, Pressemitteilung vom 26. April 2000, abrufbar unter http://brownback.senate.gov/pressapp/record.cfm?id=176080&&year=2000&

5 Brownbacks Rede beim jährlichen Marsch für das Leben, Washington, DC, 22. Januar 2002, zitiert nach S. Brownback, »Brownback speaks at Right to Life March«, Pressemitteilung vom 22. Januar 2002, abrufbar unter http://brownback.senate.gov/pressapp/record.cfm?id=180278&&year=2002&

6 Meine Diskussion in diesem Abschnitt verwendet und erweitert ein Argument aus M. Sandel, »The anti-cloning co-

nundrum«, *New York Times*, 28. Mai 2002, und in meinem persönlichen Kommentar in *Human cloning and human dignity: Report of the President's Council on Bioethics*, New York 2002, S. 343-347.

7 Senator Bill Frist, *Congressional Record*, Senate, 107. Cong., 2. sess., Bd. 148, Nr. 37, 9. April 2002, S. 2384 f.; Bill Frist, »Not ready for human cloning«, *Washington Post*, 11. April 2002, S. A29; Bill Frist, »Meeting stem cells' promise – ethically«, *Washington Post*, 18. Juli 2006; Mitt Romney, »The problem with the Stem Cell Bill«, *Boston Globe*, 6. März 2005, S. D11.

8 Charles Krauthammer, »Crossing Lines«, *New Republic*, 29. April 2002, S. 23.

9 Für eine hilfreiche Erläuterung der Unterscheidung *beabsichtigen/vorhersehen* in den Debatte über Klonen und Stammzellen siehe William Fitzpatrick, »Surplus embryos, nonreproductive cloning, and the intend/foresee distinction«, *Hastings Center Report*, Mai/Juni 2003, S. 29–36.

10 Nicholas Wade, »Clinics hold more embryos than had been thought«, *New York Times*, 9. Mai 2003, S. 24.

11 Der Ausdruck »Nichts ist verloren« stammt von Gene Outka, »The ethics of human stem cell research«, *Kennedy Institute of Ethics Journal* 12, Nr. 2 (2002), S. 175–213; Outka verteidigt die Kompromissposition, die ich kritisiere. Vgl auch die Diskussion von Outkas Prinzip des »Nichts ist verloren« im President's Council on Bioethics, 25. April 2002, unter http://www.bioethics.gov/transcripts/apr02/apr25session3.html

12 In diesem und dem folgenden Abschnitt verwende und erweitere ich Argumente, die ich vorgestellt habe in: M. Sandel, »Embryo ethics: the moral logic of stem cell research«, *New England Journal of Medicine* 351, 15. Juli 2004, S. 207–209; und in: M. Sandel, persönliche Stellungnahme in: »Human cloning and human dignity«.

13 Diese Ansicht vertritt mein Kollege im President's Council on Bioethics, Paul McHugh; vgl. »Stellungnahme von Dr. McHugh«, im Anhang zu: *Human cloning and human digni-*

ty: the report of the President's Council on Bioethics, New York 2002, S. 332 f.; und Paul McHugh, »Zygote and ›clonote‹: the ethical use of embryonic stem cells«, *New England Journal of Medicine* 351, 15. Juli 2004, S. 209–211. Als McHugh diese Auffassung das erste Mal im Rat vorbrachte, trug ihm das Kritik ein, die ans Lächerlichmachen grenzte. Aber spätere Stellungnahmen von Rudolf Jänisch, einem Stammzellbiologen am MIT, boten wissenschaftliche Rückendeckung für McHughs Unterscheidung zwischen Zygote und Klonote. Siehe die Präsentation von Rudolf Jänisch mit anschließender Diskussion im President's Council on Bioethics, 24. Juli 2003, abrufbar unter http://www.bioethics.gov/transcripts/july03/session3.html.

14 Für eine kritische Diskussion dieser Analogie siehe Robert P. George und Patrick Lee, »Acorns and embryos«, *New Atlantis* 7, Herbst/Winter 2004/2005, S. 90–100. Ihr Beitrag ist eine Antwort auf M. Sandel, »Embryo ethics«.

15 Ich danke Richard Tuck dafür, mich auf Sorites-Argumente aufmerksam gemacht zu haben, und David Grewal dafür, mir ihre Bedeutung für die Debatte über den moralischen Status des Embryos aufgezeigt zu haben.

16 »President discusses stem cell research policy«, Office of the Press Secretary, The White House, 19. Juli 2006, abrufbar unter http://www.whitehouse.gov/news/releases/2006/07/20060719-3.html

17 George J. Annas, »A French homunculus in a Tennessee Court«, *Hastings Center Report* 19 (November 1989), S. 20–22.

18 Bei der natürlichen Fortpflanzung liegt die Rate des Embryonenverlustes zwischen 60 und 80 Prozent. Nach Aussage von Dr. John M. Opitz, Professor für Pädiatrie, Humangenetik und Geburtshilfe/Gynäkologie an der Medizinischen Fakultät der Universität Utah, überleben rund 80 Prozent der befruchteten Eizellen und rund 60 Prozent derer, die das 7-Tage-Stadium erreichten, nicht. Siehe Dr. John M. Opitz, Präsentation im President's Council on Bioethics, Washing-

ton, DC, 16. Januar 2003, abrufbar unter http://bioethics.gov/transcripts/jan03/session1.html. Eine Studie, die im *International Journal of Fertility* veröffentlicht wurde, ergab, dass mindestens 73 Prozent der natürlichen Schwangerschaften die ersten sechs Wochen nicht überleben und von den übrigen zehn Prozent nicht bis zur Geburt gelangen. Siehe C. E. Boklage, »Survival probability of human conceptions from fertilization to term«, *International Journal of Fertility* 35, März/April 1990, S. 75–94. Für eine Diskussion der ethischen Implikationen des Embryonenverlustes bei der natürlichen Fortpflanzung siehe John Harris, »Stem cells, sex, and procreation«, *Cambridge Quarterly of Healthcare Ethics* 12, 2003, 353–371.

Register

Michael J. Sandel
Vom Ende des Gemeinwohls
Wie die Leistungsgesellschaft unsere Demokratien zerreißt

Unsere Demokratien stehen auf dem Prüfstand. Die politischen Erfolge populistischer Parteien sind die wütende Antwort auf die wachsende Ungleichheit in der Gesellschaft. Der Protest richtet sich nicht nur gegen Einwanderung, Outsourcing oder sinkende Löhne – er wehrt sich gegen die Tyrannei der Leistungsgesellschaft, und diese Klage ist berechtigt. Denn das Versprechen, harte Arbeit führe zum Erfolg, wurde nicht eingelöst. Stattdessen ist unsere Gesellschaft gespalten in Gewinner und Verlierer, die keine Solidarität kennen. Michael Sandel fordert eine Politik des Gemeinwohls, die Gerechtigkeit und Wertschätzung als Grundlagen einer modernen Gesellschaft anerkennt.

Aus dem Englischen
von Helmut Reuter
448 Seiten, broschiert
978-3-596-70945-8

Weitere Informationen finden Sie auf
www.fischerverlage.de